BAŞLANGIÇLAR İÇİN WOK YEMEK KİTABI: GELENEKSEL ÇİN TARİFLERİ

TAVADA KIZARTMA, DIM SUM VE BUHARDA PIŞIRME IÇIN ÇIN WOK TARIFLERI

HALE USLU

Tüm hakları Saklıdır.

sorumluluk reddi

Bu e-Kitapta yer alan bilgiler, bu e-Kitabın yazarının hakkında araştırma yaptığı kapsamlı bir stratejiler koleksiyonu olarak hizmet etmeyi amaçlamaktadır. Özetler, stratejiler, ipuçları ve püf noktaları yalnızca yazar tarafından tavsiye edilir ve bu e-Kitabı okumak kişinin sonuçlarının yazarın sonuçlarını tam olarak yansıtacağını garanti etmez. E-Kitabın yazarı, eKitabın okuyucularına güncel ve doğru bilgiler sağlamak için tüm makul çabayı göstermiştir. Yazar ve ortakları, bulunabilecek herhangi bir kasıtsız hata veya eksiklikten sorumlu tutulamaz. E-Kitaptaki materyal üçüncü şahısların bilgilerini içerebilir. Üçüncü taraf materyalleri, sahipleri tarafından ifade edilen görüşlerden oluşur. Bu nedenle, e-Kitabın yazarı herhangi bir üçüncü taraf materyali veya görüşü için sorumluluk veya yükümlülük üstlenmez.

E-Kitabın telif hakkı © 2022'ye aittir ve tüm hakları saklıdır. Bu e-Kitabın tamamını veya bir kısmını yeniden dağıtmak, kopyalamak veya türev çalışmalar oluşturmak yasa dışıdır. Bu raporun hiçbir bölümü, yazarın yazılı ve imzalı izni olmaksızın herhangi bir biçimde çoğaltılamaz veya yeniden iletilemez veya herhangi bir biçimde yeniden iletilemez.

İÇİNDEKİLER

İÇİNDEKİLER..3

GİRİİŞ..7

SEBZELER VE TOFU...9

    1. Tavada Kızarmış Kar Bezelye..10
    2. Sarımsak ve Soya Soslu Tavada Kızarmış Ispanak...............................12
    3. Baharatlı Tavada Kızarmış Napa Lahana...14
    4. İstiridye Soslu Tavada Kızarmış Marul..17
    5. Tavada Kızarmış Brokoli ve Bambu Sürgünleri...................................19
    6. Kuru Fasulye...22
    7. Tavada Kızarmış Bok Choy ve Mantar..25
    8. Tavada Kızarmış Sebze Karışık..28
    9. Buda'nın Zevki..31
    10. Hunan Tarzı Tofu...34
    11. Ma Po Tofu...38
    12. Basit Soslu Buğulanmış Fasulye...41
    13. Susam Kuşkonmaz...44
    14. Cızırtılı Sarımsak Sosunda Patlıcan ve Tofu.......................................47
    15. İstiridye Soslu Çin Brokoli..50

BALIK VE KABUĞU...53

    16. Tuz ve Biber Karides..54
    17. Sarhoş Karides...58
    18. Şanghay Tarzı Tavada Kızarmış Karides..61
    19. Ceviz Karides...64
    20. Kadife Tarak..68
    21. Erişteli Deniz Ürünleri ve Sebzeli Kızartma.......................................71
    22. Zencefil ve Taze Soğan ile Bütün Buğulanmış Balık.........................75
    23. Zencefil ve Çin Choy ile Tavada Kızarmış Balık................................78

24. Siyah Fasulye Soslu Midye..................81
25. Hindistan Cevizi Körili Yengeç..................84
26. Kizarmiş Karabiber Kalamar..................87
27. Biber-Sarimsak Konfeti ile Derin Kizarmiş İstiridye..................90

KANATLI VE YUMURTA..................93

28. Kung Pao Tavuk..................94
29. Brokoli Tavuk..................97
30. Mandalina Lezzetinde Tavuk..................100
31. Kaju Tavuk..................104
32. Kadife Tavuk ve Kar Bezelye..................107
33. Siyah Fasulye Soslu Tavuk ve Sebze..................111
34. Yeşil Fasulyeli Tavuk..................114
35. Susam Soslu Tavuk..................117
36. Tatli ve Ekşi Tavuk..................121
37. Moo Goo Gai Tavasi..................125
38. Yumurta Foo Yong..................129
39. Domatesli Yumurtali Kizartma..................132
40. Karides ve Çirpilmiş Yumurta..................135
41. Tuzlu Buharda Yumurta Muhallebi..................138
42. Çin Yemeği Kizarmiş Tavuk Kanatlari..................141
43. Tay Fesleğenli Tavuk..................144

SIĞIR ETI, DOMUZ ETI VE KUZU ETI..................146

44. Kizarmiş Domuz Yaği..................147
45. Domates ve Dana Kizartma..................149
46. Siğir Eti ve Brokoli..................152
47. Karabiber Siğir Kizartmasi..................155
48. Susamli Siğir Eti..................158
49. Moğol Bifteği..................162
50. Kereviz ve Havuçlu Sichuan Siğir Eti..................165
51. Hoisin Dana Marul Bardaklari..................168
52. Soğanli Kizarmiş Domuz Pirzolasi..................171
53. Bok Choy ile Beş Baharatli Domuz Eti..................174

54. HOISIN DOMUZ KIZARTMASI...177
55. İKI KEZ PIŞMIŞ DOMUZ GÖBEĞI..180
56. MU SHU DOMUZ ETI VE TAVADA KREP..184
57. SIYAH FASULYE SOSLU DOMUZ KABURGA...189
58. TAVADA KIZARMIŞ MOĞOL KUZU..192
59. KIMYONLU BAHARATLI KUZU..195
60. ZENCEFILLI PIRASALI KUZU...198
61. TAY FESLEĞEN SIĞIR ETI...201
62. ÇIN BARBEKÜ DOMUZ ETI...203
63. BUĞULANMIŞ BARBEKÜ DOMUZ ÇÖREKLER......................................207
64. KANTON ROSTO DOMUZ GÖBEĞI..211

ÇORBALAR, PİRİNÇ VE ERİŞTE...215

65. HINDISTAN CEVIZLI KÖRILI ŞEHRIYE ÇORBASI...................................216
66. BAHARATLI DANA ŞEHRIYE ÇORBASI...218
67. YUMURTALI ÇORBA..221
68. BASIT WONTON ÇORBASI..223
69. YUMURTALI ÇORBA..227
70. YUMURTA KIZARMIŞ PILAV...230
71. KLASIK DOMUZ KIZARMIŞ PILAV...233
72. SARHOŞ ERIŞTE..235
73. SICHUAN DAN ERIŞTE..238
74. SICAK VE EKŞI ÇORBA...241
75. DOMUZ ETI SOSU..245
76. KARIDESLI, YUMURTALI VE TAZE SOĞANLI KIZARMIŞ PILAV............248
77. FÜME ALABALIK KIZARMIŞ PILAV..251
78. SPAM KIZARMIŞ PILAV...254
79. LAP CHEUNG VE BOK CHOY ILE BUHARDA PILAV.............................258
80. DANA ETLI ERIŞTE ÇORBASI..262
81. SARIMSAKLI ERIŞTE..266
82. SINGAPUR ERIŞTESI...268
83. NAPA LAHANALI CAM ERIŞTE..272
84. HAKKA ERIŞTE...275
85. PED GÖRÜŞÜRÜZ..278

86. TAVUKLU CHOW MEIN 281
87. SIĞIR ETI 285
88. DAN DAN ERIŞTE 289
89. SIĞIR ETI EĞLENCESI 292

SOSLAR, ATIŞTIRMALIKLAR VE TATLILAR 296

90. SIYAH FASULYE SOSU 297
91. YEŞIL SOĞAN-ZENCEFIL YAĞI 299
92. XO SOS 301
93. KIZARMIŞ BIBER YAĞI 305
94. ERIK SOS 307
95. HAKKA BAHARAT PATLAMIŞ MISIR 309
96. ÇAYLI YUMURTA 311
97. BUĞULANMIŞ YEŞIL SOĞAN ÇÖREKLER 314
98. BUĞULANMIŞ BADEMLI PANDISPANYA 318
99. ŞEKERLI YUMURTA PUFLARI 322
100. KRIZANTEM VE ŞEFTALI TONG SUI 325

ÇÖZÜM 327

GİRİİŞ

Wok Nedir?

Wok, genellikle iki yan kulp veya daha büyük bir kulp ile tasarlanmış, yüksek kenarlı, yuvarlak tabanlı bir pişirme aleti olarak tanımlanır. Bir wok'un yuvarlak tabanı, ısının bir tencereye göre daha eşit dağılmasını sağlar, bu da yiyeceklerin daha kısa sürede pişirilebileceği anlamına gelir. Yüksek duvarlar, örneğin tavada kızartma pişirirken olduğu gibi, yiyeceklerin daha kolay fırlatılmasına izin verir; bu, malzemelerin eşit şekilde karıştırılabileceği ve pişirilebileceği anlamına gelir.

Bu yemek kitabı size yüzlerce farklı Çin wok yemeğini tek bir yerde getiriyor. Bu kitap, Çin yemeği yemeyi seven ancak tüm Çin pişirme tekniklerine aşina olmayan herkes için tasarlanmıştır. Bu yemek kitabında, otantik Çin soslarını ve baharatlarını kullanarak geleneksel Çin yemeklerini pişirmenin bazı basit ve kolay yollarını keşfedeceksiniz. Yemekler, bu mutfağın sunduğu yemek çeşitlerine göre kategorilere ayrılmıştır, böylece pirinç, erişte, çorba, domuz eti, sığır eti, kuzu eti, kümes hayvanları, deniz ürünleri, tofu ve meze tarifleri ile birlikte çeşitli köfteler bulacaksınız.

Popüler Çin Pişirme Teknikleri

Evde kaliteli Çin yemeği pişirmek için temel Çin pişirme tekniklerini öğrenmek çok önemlidir.

A. PİŞİRME

Wok pişirmek için önce wok'u önceden ısıtmanız ve yağ eklemeden önce tamamen kurumasını sağlamanız gerekir. Ardından, wok tabanının tamamını kaplayacak şekilde dairesel bir hareketle wok'unuza yağ ekleyebilirsiniz ve bunu yaparken wok'un sadece sıcak olduğundan, sigara içilmediğinden emin olun. Yapışmaz woklar çok fazla ısıtıldıklarında bozulabilir.

B. WOK'TA KIZARTMAK

Çin usulü tavada kızartma yüksek ısıda yapılır, bu nedenle evde geleneksel bir ocak varsa, yalnızca wok veya tavanız önceden ısıtıldığında kızartın. Pişirme tavası veya tencere önceden ısıtıldıktan sonra yağı ve diğer malzemeleri ekleyin. Malzemeleri tavaya eklerken oda sıcaklığında olmasına veya soğuk olmamasına dikkat edin. Kanton wok'taki soğuk malzemeler, pişirildikten sonra yiyecekleri soguk hale getirecektir.

C. KIZARTMA İÇİN YAĞLI KADİFE

Bu pişirme tekniği, kümes hayvanlarının veya etin sıcak yağda kısa bir süre hafif kahverengileşinceye kadar gerçek tavada kızartmadan önce kızartılmasını içerir. Sığır eti, domuz eti ve kümes hayvanları için kullanılan yöntemin aynısını bu kitapta bulacaksınız. Et daha sonra çıkarılır ve daha sonra asıl yemeğe eklenir. En iyi tat için et, kadife kaplamadan önce marine edilir.

SEBZELER VE TOFU

1. Tavada Kızarmış Kar Bezelye

İçindekiler

- 2 yemek kaşığı bitkisel yağ
- Her biri çeyrek büyüklüğünde 2 soyulmuş taze zencefil dilimi
- koşer tuzu
- $\frac{3}{4}$ pound kar bezelyesi veya şekerli bezelye, ipleri alınmış

Talimatlar:

a) Bir damla su cızırdayana ve temas halinde buharlaşana kadar bir wok'u orta-yüksek ateşte ısıtın. Yağı dökün ve wok tabanını kaplamak için döndürün. Zencefil dilimleri ve bir tutam tuz ekleyerek yağı baharatlayın. Zencefilin yağda yaklaşık 30 saniye cızırdamasına izin verin, hafifçe döndürün.

b) Kar bezelyelerini ekleyin ve bir wok spatula kullanarak yağ ile kaplayın. Parlak yeşil ve gevrek ihale oluncaya kadar 2 ila 3 dakika karıştırın.

c) Bir tabağa aktarın ve zencefili atın. Sıcak servis yapın.

2. Sarımsak ve Soya Soslu Tavada Kızarmış Ispanak

İçindekiler

- 1 yemek kaşığı hafif soya sosu
- 1 çay kaşığı şeker
- 2 yemek kaşığı bitkisel yağ
- 4 diş sarımsak, ince dilimlenmiş
- koşer tuzu
- 8 ons önceden yıkanmış bebek ıspanak

Talimatlar:

a) Küçük bir kapta, hafif soya ve şekeri şeker eriyene kadar karıştırın ve bir kenara koyun.

b) Bir damla su cızırdayana ve temas halinde buharlaşana kadar bir wok'u orta-yüksek ateşte ısıtın. Yağı dökün ve wok tabanını kaplamak için döndürün. Sarımsak ve bir tutam tuz ekleyin ve sarımsak kokulu olana kadar yaklaşık 10 saniye karıştırarak kızartın. Oluklu bir kaşık kullanarak sarımsakları tavadan çıkarın ve bir kenara koyun.

c) Ispanağı terbiyeli yağa ekleyin ve yeşillikler solup parlak yeşil olana kadar karıştırarak kızartın. Şeker ve soya karışımını ekleyin ve kaplamak için atın. Sarımsakları wok'a geri koyun ve dahil etmek için atın. Bir tabağa aktarın ve servis yapın.

3. Baharatlı Tavada Kızarmış Napa Lahana

İçindekiler

- 2 yemek kaşığı bitkisel yağ
- 3 veya 4 adet kuru biber
- Her biri çeyrek büyüklüğünde 2 soyulmuş taze zencefil dilimi
- koşer tuzu
- 2 diş sarımsak, dilimlenmiş
- 1 baş napa lahana, doğranmış
- 1 yemek kaşığı hafif soya sosu
- ½ yemek kaşığı siyah sirke
- Taze çekilmiş karabiber

Talimatlar:

a) Orta-yüksek ısıda bir wok ısıtın. Yağı dökün ve biberleri ekleyin. Biberlerin yağda 15 saniye cızırdamasına izin verin. Zencefil dilimlerini ve bir tutam tuzu ekleyin. Sarımsakları atın ve yağı tatlandırmak için yaklaşık 10 saniye kısaca kızartın. Sarımsakların kızarmasına veya yanmasına izin vermeyin.

b) Lahanayı ekleyin ve eriyip parlak yeşile dönene kadar yaklaşık 4 dakika karıştırın. Hafif soya ve siyah sirkeyi ekleyin ve her birini bir tutam tuz ve karabiberle tatlandırın. 20 ila 30 saniye daha kaplamak için atın.

c) Bir tabağa aktarın ve zencefili atın. Sıcak servis yapın.

4. İstiridye Soslu Tavada Kızarmış Marul

İçindekiler

- 1½ yemek kaşığı bitkisel yağ
- 1 adet soyulmuş taze zencefil dilimi, yaklaşık çeyrek büyüklüğünde
- koşer tuzu
- 2 diş sarımsak, ince dilimlenmiş
- 1 baş buzlu marul, durulanır ve kurutulur, 1 inç genişliğinde parçalar halinde kesilir
- 2 yemek kaşığı istiridye sosu
- ½ çay kaşığı susam yağı, süslemek için

Talimatlar:

a) Bir damla su cızırdayana ve temas halinde buharlaşana kadar bir wok'u orta-yüksek ateşte ısıtın. Bitkisel yağı ekleyin ve wok tabanını kaplamak için girdap yapın. Zencefil dilimi ve bir tutam tuz ekleyerek yağı baharatlayın. Zencefilin yağda yaklaşık 30 saniye cızırdamasına izin verin, hafifçe döndürün.

b) Sarımsağı ekleyin ve yağı tatlandırmak için yaklaşık 10 saniye kısaca kızartın. Sarımsakların kızarmasına veya yanmasına izin vermeyin. Marulu ekleyin ve hafifçe solmaya başlayana kadar 3 ila 4 dakika karıştırın. İstiridye sosunu marulun üzerine gezdirin ve çabucak kaplayın, 20 ila 30 saniye daha.

5. Tavada Kızarmış Brokoli ve Bambu Sürgünleri

İçindekiler

- 2 yemek kaşığı bitkisel yağ
- 1 adet soyulmuş taze zencefil dilimi, yaklaşık çeyrek büyüklüğünde
- 4 su bardağı brokoli çiçeği
- 2 yemek kaşığı su
- 2 diş sarımsak, kıyılmış
- 1 (8 ons) dilimlenmiş bambu filizleri, durulanmış ve süzülmüş olabilir
- 1 yemek kaşığı hafif soya sosu
- 1 çay kaşığı susam yağı
- 2 çay kaşığı kavrulmuş susam

Talimatlar:

a) Orta-yüksek ısıda bir wok ısıtın. Bitkisel yağı dökün ve zencefil dilimini ve bir tutam tuzu ekleyin.

b) Brokoliyi ekleyin ve 2 dakika parlak yeşil olana kadar karıştırarak kızartın. Suyu ekleyin ve brokoliyi buğulaması için 2 dakika tencerenin kapağını kapatın.

c) Kapağı çıkarın, sarımsağı ekleyin ve 30 saniye karıştırarak kızartmaya devam edin. Bambu filizlerini karıştırın ve 30 saniye daha karıştırarak kızartmaya devam edin.

d) Hafif soya ve susam yağını karıştırın. Zencefili çıkarın ve atın. Isıtılmış bir tabakta servis yapın ve susam ile süsleyin.

6. Kuru Fasulye

İçindekiler

- 1 yemek kaşığı hafif soya sosu
- 1 yemek kaşığı kıyılmış sarımsak
- 1 yemek kaşığı doubanjiang (Çin biber salçası)
- 2 çay kaşığı şeker
- 1 çay kaşığı susam yağı
- koşer tuzu
- ½ su bardağı bitkisel yağ
- 1 pound yeşil fasulye, kesilmiş, yarıya kesilmiş ve kuru lekeli

Talimatlar:

a) Küçük bir kapta hafif soya, sarımsak, fasulye ezmesi, şeker, susam yağı ve bir tutam tuzu karıştırın. Kenara koyun.

b) Bir wok içinde bitkisel yağı orta-yüksek ateşte ısıtın. Fasulyeleri kızartın. Fasulyeleri buruşuk görünene kadar yağda yavaşça çevirin.

c) Tüm fasulyeler piştikten sonra kalan yağı ısıya dayanıklı bir kaba dikkatlice aktarın. Wok'u silmek ve temizlemek için bir çift kağıt havlu ile bir çift maşa kullanın.

d) Wok'u yüksek ısıya getirin ve 1 yemek kaşığı ayrılmış kızartma yağı ekleyin. Yeşil fasulye ve biber sosu ekleyin, sos kaynayana ve yeşil fasulyeleri kaplayana kadar karıştırarak kızartın. Fasulyeleri bir tabağa alıp sıcak servis yapın.

7. Tavada Kızarmış Bok Choy ve Mantar

İçindekiler

- 3 yemek kaşığı bitkisel yağ
- 1 adet soyulmuş taze zencefil dilimi, yaklaşık çeyrek büyüklüğünde
- ½ kilo taze shiitake mantarı
- 2 diş sarımsak, kıyılmış
- 1½ pound baby bok choy, 1 inçlik parçalar halinde çapraz olarak dilimlenmiş
- 2 yemek kaşığı Shaoxing pirinç şarabı
- 2 çay kaşığı hafif soya sosu
- 2 çay kaşığı susam yağı

Talimatlar:

a) Orta-yüksek ısıda bir wok ısıtın. Bitkisel yağı dökün ve wok tabanını kaplamak için döndürün. Zencefil dilimini ve bir tutam tuzu ekleyin.

b) Mantarları ekleyin ve sadece kahverengileşmeye başlayana kadar 3 ila 4 dakika karıştırın. Sarımsakları ekleyin ve kokusu çıkana kadar yaklaşık 30 saniye daha karıştırın.

c) Çin lahanasını ekleyin ve mantarlarla karıştırın. Pirinç şarabı, hafif soya ve susam yağını ekleyin. Sebzeleri yumuşayana kadar sürekli çevirerek 3 ila 4 dakika pişirin.

d) Sebzeleri servis tabağına alın, zencefili atın ve sıcak servis yapın.

8. Tavada Kızarmış Sebze Karışık

İçindekiler

- 3 yemek kaşığı bitkisel yağ
- 1 adet soyulmuş taze zencefil dilimi, yaklaşık çeyrek büyüklüğünde
- koşer tuzu
- $\frac{1}{2}$ beyaz soğan, 1 inçlik parçalar halinde kesilmiş
- 1 büyük havuç, soyulmuş ve çapraz olarak kesilmiş
- 2 kereviz kaburga, çapraz olarak $\frac{1}{4}$ inç kalınlığında dilimler halinde kesilmiş
- 6 adet taze shiitake mantarı
- 1 inçlik parçalar halinde kesilmiş 1 kırmızı dolmalık biber
- 1 küçük avuç doğranmış yeşil fasulye
- 2 diş sarımsak, ince kıyılmış
- 2 taze soğan, ince dilimlenmiş

Talimatlar:

a) Bir damla su cızırdayana ve temas halinde buharlaşana kadar bir wok'u orta-yüksek ateşte ısıtın. Yağı dökün ve wok tabanını kaplamak için döndürün. Zencefil dilimi ve bir tutam tuz ekleyerek yağı baharatlayın. Yavaşça döndürerek yaklaşık 30 saniye yağda cızırdamaya bırakın.

b) Soğanı, havucu ve kerevizi wok'a ekleyin ve bir spatula kullanarak sebzeleri wok içinde hızlıca hareket ettirerek kızartın. Yaklaşık 4 dakika sebzeler yumuşamaya başlayınca mantarları ilave edin ve sıcak wokta atmaya devam edin.

c) Mantarlar yumuşayınca dolmalık biberi ekleyin ve yaklaşık 4 dakika daha kavurmaya devam edin. Biberler yumuşamaya başlayınca yeşil fasulyeleri ekleyin ve yumuşayana kadar yaklaşık 3 dakika daha çevirin. Sarımsakları ekleyip kokusu çıkana kadar kavurun.

d) Bir tabağa aktarın, zencefili atın ve yeşil soğanla süsleyin. Sıcak servis yapın.

9. Buda'nın Zevki

İçindekiler

- Küçük bir avuç (yaklaşık ⅓ fincan) kurutulmuş odun kulak mantarı
- 8 adet kurutulmuş shiitake mantarı
- 2 yemek kaşığı hafif soya sosu
- 2 çay kaşığı şeker
- 1 çay kaşığı susam yağı
- 2 yemek kaşığı bitkisel yağ
- Her biri çeyrek büyüklüğünde 2 soyulmuş taze zencefil dilimi
- koşer tuzu
- 1 delicata kabağı, yarıya bölünmüş, çekirdekleri çıkarılmış ve ısırık büyüklüğünde parçalar halinde kesilmiş
- 2 yemek kaşığı Shaoxing pirinç şarabı
- 1 su bardağı şekerli bezelye, ipleri alınmış
- 1 (8 ons) kestane sulayabilir, durulanır ve süzülür
- Taze çekilmiş karabiber

Talimatlar:

a) Her iki kuru mantarı da yaklaşık 20 dakika yumuşayana kadar sıcak suyla kaplanmış ayrı kaplarda bekletin. Tahta kulak ıslatma sıvısını boşaltın ve atın. Shiitake sıvısının $\frac{1}{2}$ fincanını boşaltın ve saklayın. Mantar sıvısına hafif soya, şeker ve susam yağını ekleyin ve şekeri eritmek için karıştırın. Kenara koyun.

b) Bir damla su cızırdayana ve temas halinde buharlaşana kadar bir wok'u orta-yüksek ateşte ısıtın. Bitkisel yağı dökün ve wok tabanını kaplamak için döndürün. Zencefil dilimleri ve bir tutam tuz ekleyerek yağı baharatlayın. Zencefilin yağda yaklaşık 30 saniye cızırdamasına izin verin, hafifçe döndürün.

c) Kabağı ekleyin ve baharatlanmış yağ ile yaklaşık 3 dakika karıştırarak kızartın. Hem mantarları hem de pirinç şarabını ekleyin ve 30 saniye karıştırarak kızartmaya devam edin. Kar bezelyelerini ve su kestanelerini yağla kaplamak için savurarak ekleyin. Ayrılmış mantar baharat sıvısını ekleyin ve kapatın. Sebzeler yumuşayana kadar, yaklaşık 5 dakika ara sıra karıştırarak pişirmeye devam edin.

d) Kapağı çıkarın ve tatmak için tuz ve karabiber serpin. Zencefili atın ve servis yapın.

10.   Hunan Tarzı Tofu

İçindekiler

- 1 çay kaşığı mısır nişastası
- 1 yemek kaşığı su
- 4 yemek kaşığı sebze veya kanola yağı, bölünmüş
- koşer tuzu
- 1 kiloluk sert tofu, süzülmüş ve 2 inç genişliğinde ½ inç kalınlığında kareler halinde kesilmiş
- 3 yemek kaşığı fermente edilmiş siyah fasulye, durulanmış ve ezilmiş
- 2 yemek kaşığı doubanjiang (Çin biber salçası)
- 1 inç parça taze zencefil, soyulmuş ve ince kıyılmış
- 3 diş sarımsak, ince kıyılmış
- 1 inçlik parçalar halinde kesilmiş 1 büyük kırmızı dolmalık biber
- 2 inçlik bölümlere kesilmiş 4 yeşil soğan
- 1 yemek kaşığı Shaoxing pirinç şarabı
- 1 çay kaşığı şeker
- ¼ fincan düşük sodyumlu tavuk veya sebze suyu

Talimatlar:

a) Küçük bir kapta mısır nişastasını ve suyu karıştırın ve bir kenara koyun.

b) Bir damla su cızırdayana ve temas halinde buharlaşana kadar bir wok'u orta-yüksek ateşte ısıtın. 2 yemek kaşığı yağı dökün ve wok tabanını ve kenarlarını kaplamak için döndürün. Bir tutam tuz ekleyin ve tofu dilimlerini wok'a bir kat halinde yerleştirin. Tofuyu 1 ila 2 dakika boyunca kızartın, wok'u yana yatırarak yağın tofu altından kaymasını sağlayın. İlk taraf kızardığında, bir wok spatula kullanarak tofuyu dikkatlice çevirin ve altın kahverengi olana kadar 1 ila 2 dakika daha sarar. Kızarmış tofuyu bir tabağa aktarın ve bir kenara koyun.

c) Isıyı orta-düşük seviyeye indirin. Kalan 2 yemek kaşığı yağı wok'a ekleyin. Yağ hafifçe tütmeye başlar başlamaz siyah fasulye, fasulye ezmesi, zencefil ve sarımsağı ekleyin. 20 saniye veya fasulye ezmesinden yağ koyu kırmızı bir renk alana kadar karıştırarak kızartın.

d) Dolmalık biber ve yeşil soğanı ekleyin ve Shaoxing şarabı ve şekerle karıştırın. Bir dakika daha veya şarap neredeyse buharlaşana ve dolmalık biber yumuşayana kadar pişirin.

e) Wok'taki tüm malzemeler bir araya gelinceye kadar kızartılmış tofuyu yavaşça katlayın. 45 saniye daha veya tofu koyu kırmızı bir renk alana ve yeşil soğanlar soluncaya kadar pişirmeye devam edin.

f) Tavuk suyunu tofu karışımının üzerine gezdirin ve hafifçe karıştırarak wok'u deglaze edin ve wok üzerindeki sıkışmış bitleri çözün. Mısır nişastası-su karışımını hızlıca karıştırın ve wok'a ekleyin. Yavaşça karıştırın ve 2 dakika veya sos parlak ve kalın hale gelene kadar pişirin. Sıcak servis yapın.

11.   Ma Po Tofu

İçindekiler

- ½ kilo domuz eti
- 2 yemek kaşığı Shaoxing pirinç şarabı
- 2 çay kaşığı hafif soya sosu
- 1 çay kaşığı soyulmuş ince kıyılmış taze zencefil
- 2 çay kaşığı mısır nişastası
- 1½ yemek kaşığı su
- 2 yemek kaşığı bitkisel yağ
- 1 yemek kaşığı Sichuan karabiberi, ezilmiş
- 3 yemek kaşığı doubanjiang (Çin biber salçası)
- 4 taze soğan, ince dilimlenmiş, bölünmüş
- 1 çay kaşığı biber yağı
- 1 çay kaşığı şeker
- ½ çay kaşığı Çin beş baharat tozu
- 1 pound orta boy tofu, süzülmüş ve ½ inç küpler halinde kesilmiş
- 1½ su bardağı düşük sodyumlu tavuk suyu
- koşer tuzu
- 1 yemek kaşığı iri kıyılmış taze kişniş yaprağı, garnitür için

Talimatlar:

a) Küçük bir kapta öğütülmüş domuz eti, pirinç şarabı, hafif soya ve zencefili karıştırın. Kenara koyun. Başka bir küçük kapta mısır nişastasını suyla karıştırın. Kenara koyun.

b) Bir wok'u orta-yüksek ateşte ısıtın ve bitkisel yağı dökün. Sichuan karabiberlerini ekleyin ve yağ ısındıkça cızırdamaya başlayana kadar hafifçe soteleyin.

c) Marine edilmiş domuz eti ve fasulye ezmesini ekleyin ve domuz eti kahverengileşip ufalanana kadar 4 ila 5 dakika karıştırarak kızartın. Yeşil soğanın yarısını, biber yağını, şekeri ve beş baharat tozunu ekleyin. 30 saniye daha veya yeşil soğanlar soluncaya kadar karıştırarak kızartmaya devam edin.

d) Tofu küplerini domuz etinin üzerine dağıtın ve suyu içine dökün. Karıştırmayın; tofu'nun önce biraz pişmesine ve sertleşmesine izin verin. Örtün ve orta ateşte 15 dakika pişirin. Ortaya çıkarın ve hafifçe karıştırın. Tofu küplerini çok fazla kırmamaya dikkat edin.

e) Tercihinize bağlı olarak tadın ve tuz veya şeker ekleyin. Ek şeker, çok sıcaksa, baharatı sakinleştirebilir. Mısır nişastasını ve suyu tekrar karıştırın ve tofuya ekleyin. Sos koyulaşana kadar hafifçe karıştırın.

f) Kalan soğan ve kişniş ile süsleyin ve sıcak servis yapın.

12. Basit Soslu Buğulanmış Fasulye

İçindekiler

- 1 pound orta tofu
- 2 yemek kaşığı hafif soya sosu
- 1 yemek kaşığı susam yağı
- 2 çay kaşığı siyah sirke
- 2 diş sarımsak, ince kıyılmış
- 1 çay kaşığı soyulmuş ince kıyılmış taze zencefil
- ½ çay kaşığı şeker
- 2 taze soğan, ince dilimlenmiş
- 1 yemek kaşığı iri kıyılmış taze kişniş yaprağı

Talimatlar:

a) Tofuyu sağlam tutmaya özen göstererek ambalajından çıkarın. Büyük bir tabağa koyun ve dikkatlice 1 ila $1\frac{1}{2}$ inç kalınlığında dilimler halinde dilimleyin. 5 dakika kenara koyun. Tofuyu dinlendirmek, peynir altı suyunun daha fazlasının dışarı akmasını sağlar.

b) Bambu vapur sepetini ve kapağını soğuk su altında durulayın ve wok'a yerleştirin. Yaklaşık 2 inç soğuk su dökün veya buharlı pişiricinin alt kenarının yaklaşık $\frac{1}{4}$ ila $\frac{1}{2}$ inç üzerine gelene kadar, ancak su sepetin dibine değecek kadar yüksek değil.

c) Tofu tabağındaki fazla peynir altı suyunu boşaltın ve tabağı bambu buharlı pişiriciye yerleştirin. Wok'u örtün ve orta-yüksek ısıya ayarlayın. Suyu kaynatın ve tofuyu 6 ila 8 dakika buharda pişirin.

d) Tofu buharda pişirilirken, küçük bir tencerede hafif soya, susam yağı, sirke, sarımsak, zencefil ve şekeri şeker eriyene kadar kısık ateşte karıştırın.

e) Sıcak sosu tofu üzerinde gezdirin ve yeşil soğan ve kişniş ile süsleyin.

13. susam kuşkonmaz

İçindekiler

- 2 yemek kaşığı hafif soya sosu
- 1 çay kaşığı şeker
- 1 yemek kaşığı bitkisel yağ
- 2 büyük sarımsak karanfil, iri kıyılmış
- 2 pound kuşkonmaz, kesilmiş ve çapraz olarak 2 inç uzunluğunda parçalar halinde kesilmiş
- koşer tuzu
- 2 yemek kaşığı susam yağı
- 1 yemek kaşığı kavrulmuş susam

Talimatlar:

a) Küçük bir kapta, hafif soya ve şekeri şeker eriyene kadar karıştırın. Kenara koyun.

b) Bir damla su cızırdayana ve temas halinde buharlaşana kadar bir wok'u orta-yüksek ateşte ısıtın. Bitkisel yağı dökün ve wok tabanını kaplamak için döndürün. Sarımsak ekleyin ve kokulu olana kadar yaklaşık 10 saniye karıştırın.

c) Kuşkonmazı ekleyip karıştırarak kavurun. Soya sosu karışımını ekleyin ve kuşkonmazı kaplamak için fırlatın, yaklaşık 1 dakika daha pişirin.

d) Kuşkonmazın üzerine susam yağını gezdirin ve servis tabağına alın. Susam tohumları ile süsleyin ve sıcak servis yapın.

14. Cızırtılı Sarımsak Sosunda Patlıcan ve Tofu

İçindekiler

- 6 su bardağı su artı 1 yemek kaşığı bölünmüş
- 1 yemek kaşığı koşer tuzu
- 3 uzun Çin patlıcanı (yaklaşık $\frac{3}{4}$ pound), kesilmiş ve çapraz olarak 1 inçlik parçalar halinde dilimlenmiş
- $1\frac{1}{2}$ yemek kaşığı mısır nişastası, bölünmüş
- 1 yemek kaşığı hafif soya sosu
- 2 çay kaşığı şeker
- $\frac{1}{2}$ çay kaşığı koyu soya sosu
- 3 yemek kaşığı bitkisel yağ, bölünmüş
- 3 diş sarımsak, doğranmış
- 1 çay kaşığı soyulmuş kıyılmış taze zencefil
- $\frac{1}{2}$-inç küpler halinde kesilmiş $\frac{1}{2}$ pound sert tofu

Talimatlar:

a) Büyük bir kapta 6 su bardağı su ve tuzu karıştırın. Tuzu eritmek için kısaca karıştırın ve patlıcan parçalarını ekleyin. Patlıcanın suda kalması için üzerine büyük bir tencere kapağı yerleştirin ve 15 dakika bekletin. Patlıcanı süzün ve kağıt havluyla kurulayın. Patlıcanı, yaklaşık 1 yemek kaşığı mısır nişastası ile bir kaseye atın.

b) Küçük bir kapta kalan ½ yemek kaşığı mısır nişastasını kalan 1 yemek kaşığı su, hafif soya, şeker ve koyu soya ile karıştırın. Kenara koyun.

c) Bir damla su cızırdayana ve temas halinde buharlaşana kadar bir wok'u orta-yüksek ateşte ısıtın. 2 yemek kaşığı yağı dökün ve wok tabanını ve yanlarını kaplayacak şekilde döndürün. Patlıcanı wok'ta tek bir tabaka halinde düzenleyin.

d) Patlıcanın her iki tarafını yaklaşık 4 dakika olacak şekilde kızartın. Patlıcan biraz kömürleşmiş ve altın rengi kahverengi olmalıdır. Wok tüttürmeye başlarsa, ısıyı orta dereceye düşürün. Patlıcanı bir kaseye aktarın ve wok'u tekrar ısıya getirin.

e) Kalan 1 yemek kaşığı yağı ekleyin ve sarımsak ve zencefili kokulu ve cızırdayana kadar yaklaşık 10 saniye karıştırın. Tofu ekleyin ve 2 dakika daha karıştırın, ardından patlıcanı wok'a geri koyun. Sosu tekrar karıştırın ve wok'a dökün, tüm malzemeleri sos koyu, parlak bir kıvama gelene kadar karıştırın.

f) Patlıcan ve tofuyu bir tabağa aktarın ve sıcak servis yapın.

15.   İstiridye Soslu Çin Brokoli

İçindekiler

- ¼ fincan istiridye sosu
- 2 çay kaşığı hafif soya sosu
- 1 çay kaşığı susam yağı
- 2 yemek kaşığı bitkisel yağ
- Her biri çeyrek büyüklüğünde 4 soyulmuş taze zencefil dilimi
- 4 diş sarımsak, soyulmuş
- koşer tuzu
- 2 demet Çin brokoli veya brokoli, sert uçları kesilmiş
- 2 yemek kaşığı su

Talimatlar:

a) Küçük bir kapta istiridye sosu, hafif soya ve susam yağını karıştırın ve bir kenara koyun.

b) Bir damla su cızırdayana ve temas halinde buharlaşana kadar bir wok'u orta-yüksek ateşte ısıtın. Bitkisel yağı dökün ve wok tabanını kaplamak için döndürün. Zencefil, sarımsak ve bir tutam tuz ekleyin. Aromatiklerin yağda cızırdamasına izin verin, yaklaşık 10 saniye hafifçe döndürün.

c) Brokoliyi ekleyin ve yağ ve parlak yeşil ile kaplanana kadar karıştırın. Suyu ekleyin ve brokoliyi yaklaşık 3 dakika veya sapları bir bıçakla kolayca delinene kadar buharda pişirin. Zencefil ve sarımsağı çıkarın ve atın.

d) Sosu karıştırın ve sıcak olana kadar kaplamak için atın. Servis tabağına aktarın.

BALIK VE Kabuğu

16.   Tuz ve Biber Karides

İçindekiler:

- 1 yemek kaşığı koşer tuzu
- 1½ çay kaşığı Sichuan karabiberi
- 1½ pound büyük karides (U31-35), soyulmuş ve damarlı, kuyrukları üzerinde bırakılmış
- ½ su bardağı bitkisel yağ
- 1 su bardağı mısır nişastası
- 4 yeşil soğan, çapraz olarak dilimlenmiş
- 1 jalapeno biberi, ikiye bölünmüş ve çekirdekleri çıkarılmış, ince dilimlenmiş
- 6 diş sarımsak, ince dilimlenmiş

Talimatlar:

a) Orta ateşte küçük bir sote tavasında veya tavada, tuzu ve karabiberleri aromatik olana kadar kızartın, yanmayı önlemek için sık sık sallayın ve karıştırın. Tamamen soğuması için bir kaseye aktarın. Tuz ve karabiberi baharat öğütücüde veya havan ve tokmakla birlikte öğütün. Bir kaseye aktarın ve bir kenara koyun.

b) Karidesleri bir kağıt havluyla kurulayın.

c) Bir wok içinde, yağı orta-yüksek sıcaklıkta 375 °F'ye veya bir tahta kaşığın ucunda kabarcıklanıp cızırdayana kadar ısıtın.

d) Mısır nişastasını büyük bir kaseye koyun. Karidesleri kızartmaya hazır olmadan hemen önce, mısır nişastasını kaplamak için karidesin yarısını atın ve fazla mısır nişastasını silkeleyin.

e) Karidesleri pembeleşene kadar 1-2 dakika kızartın. Bir wok skimmer kullanarak, kızarmış karidesleri boşaltmak için bir fırın tepsisine yerleştirilmiş bir rafa aktarın. Kalan karidesleri mısır nişastasına atarak, kızartarak ve süzülmek üzere rafa aktararak işlemi tekrarlayın.

f) Tüm karidesler pişirildikten sonra, 2 yemek kaşığı yağın tamamını dikkatlice çıkarın ve wok'u orta ateşe getirin. Yeşil soğan, jalapeno ve sarımsak ekleyin ve yeşil soğan ve jalapeño parlak yeşile dönene ve sarımsak aromatik olana kadar karıştırın. Karidesleri wok'a geri koyun, tuz ve biber karışımıyla tatlandırın (hepsini kullanmayabilirsiniz) ve kaplamak için fırlatın. Karidesleri bir tabağa aktarın ve sıcak servis yapın.

17. Sarhoş Karides

4 KİŞİLİK

İçindekiler:

- 2 bardak Shaoxing pirinç şarabı
- Her biri çeyrek büyüklüğünde 4 soyulmuş taze zencefil dilimi
- 2 yemek kaşığı kuru goji berry (isteğe bağlı)
- 2 çay kaşığı şeker
- 1 kiloluk jumbo karides (U21-25), soyulmuş ve damarlı, kuyrukları üzerinde bırakılmış
- 2 yemek kaşığı bitkisel yağ
- koşer tuzu
- 2 çay kaşığı mısır nişastası

Talimatlar:

a) Geniş bir karıştırma kabında pirinç şarabı, zencefil, goji meyveleri (kullanıyorsanız) ve şekeri şeker eriyene kadar karıştırın. Karidesleri ekleyin ve üzerini kapatın. 20-30 dakika buzdolabında marine edin.

b) Karidesleri döküm ve bir kasenin üzerine yerleştirilmiş bir kevgir içinde marine edin. Marine sosundan $\frac{1}{2}$ fincan ayırın ve gerisini atın.

c) Bir damla su cızırdayana ve temas halinde buharlaşana kadar bir wok'u orta-yüksek ateşte ısıtın. Yağı döküm ve wok tabanını kaplamak için döndürün. Yağı küçük bir tutam tuz ekleyerek baharatlayın ve hafifçe döndürün.

d) Karidesleri ekleyin ve karidesleri wok'ta çevirip fırlatırken bir tutam tuz ekleyerek kuvvetlice kızartın. Karidesleri pembeye dönene kadar yaklaşık 3 dakika hareket ettirmeye devam edin.

e) Mısır nişastasını ayrılmış marine sosuna karıştırın ve karideslerin üzerine döküm. Karidesleri atın ve marine ile kaplayın. Kaynamaya başladığında, yaklaşık 5 dakika daha parlak bir sos haline gelecektir.

f) Karidesleri ve goji meyvelerini bir tabağa alın, zencefili atın ve sıcak servis yapın.

18. Şanghay Tarzı Tavada Kızarmış Karides

İçindekiler:

- 1 kiloluk orta büyük karides (U31-40), soyulmuş ve damarlı, kuyrukları üzerinde bırakılmış
- 2 yemek kaşığı bitkisel yağ
- koşer tuzu
- 2 çay kaşığı Shaoxing pirinç şarabı
- 2 taze soğan, ince jülyen doğranmış

Talimatlar:

a) Keskin bir mutfak makası veya bir soyma bıçağı kullanarak, kuyruk kısmını sağlam tutarak karidesleri uzunlamasına ikiye bölün. Karides tavada kızartıldığından, bu şekilde kesmek daha fazla yüzey alanı sağlayacak ve benzersiz bir şekil ve doku oluşturacaktır!

b) Karidesleri kağıt havluyla kurulayın ve kuru tutun. Karides ne kadar kuru olursa, yemek o kadar lezzetli olur. Karidesleri pişirmeden önce 2 saate kadar buzdolabında, kağıt havluya sararak saklayabilirsiniz.

c) Bir damla su cızırdayana ve temas halinde buharlaşana kadar bir wok'u orta-yüksek ateşte ısıtın. Yağı dökün ve wok tabanını kaplamak için döndürün. Yağı küçük bir tutam tuz ekleyerek baharatlayın ve hafifçe döndürün.

d) Sıcak wok'a karidesleri bir kerede ekleyin. Karides pembeye dönmeye başlayana kadar 2 ila 3 dakika hızla fırlatın ve çevirin. Küçük bir tutam tuzla tatlandırın ve pirinç şarabını ekleyin. Tavada kızartmaya devam ederken şarabın kaynamasına izin verin, yaklaşık 2 dakika daha. Karides, hala kuyruğa bağlı olarak ayrılmalı ve kıvrılmalıdır.

e) Servis tabağına alıp maydanozlarla süsleyin. Sıcak servis yapın.

19.   Ceviz Karides

İçindekiler:

- Yapışmaz bitkisel yağ spreyi
- 1 kiloluk jumbo karides (U21-25), soyulmuş
- 25 ila 30 ceviz yarısı
- 3 su bardağı sıvı yağ, kızartmak için
- 2 yemek kaşığı şeker
- 2 yemek kaşığı su
- $\frac{1}{4}$ fincan mayonez
- 3 yemek kaşığı şekerli yoğunlaştırılmış süt
- $\frac{1}{4}$ çay kaşığı pirinç sirkesi
- koşer tuzu
- $\frac{1}{3}$ fincan mısır nişastası

Talimatlar:

a) Bir fırın tepsisine parşömen kağıdı serin ve hafifçe pişirme spreyi sıkın. Kenara koyun.

b) Karidesleri, kavisli tarafı aşağı bakacak şekilde bir kesme tahtası üzerinde tutarak kelebekleyin. Baş bölgesinden başlayarak, bir soyma bıçağının ucunu dörtte üçü karidesin içine sokun. Karidesin ortasından kuyruğuna kadar bir dilim yapın. Karidesleri tamamen kesmeyin ve kuyruk bölgesini kesmeyin. Karidesleri bir kitap gibi açın ve düz bir şekilde yayın. Damarı (karidesin sindirim sistemi) görünüyorsa silin ve karidesleri soğuk su altında durulayın, ardından bir kağıt havluyla kurulayın. Kenara koyun.

c) Bir wok içinde, yağı orta-yüksek sıcaklıkta 375 ° F'ye veya bir tahta kaşığın ucunda kabarcıklanıp cızırdayana kadar ısıtın. Cevizleri altın kahverengi olana kadar 3 ila 4 dakika kızartın ve bir wok kepçe kullanarak cevizleri kağıt havlu kaplı bir tabağa aktarın. Bir kenara koyun ve ısıyı kapatın.

d) Küçük bir tencerede şeker ve suyu karıştırın ve orta-yüksek ateşte şeker eriyene kadar ara sıra karıştırarak kaynatın. Isıyı orta dereceye düşürün ve şurubu 5 dakika veya şurup kalın ve parlak olana kadar pişirin. Cevizleri ekleyin ve şurupla tamamen kaplamak için atın. Fındıkları hazırlanan fırın tepsisine aktarın ve soğumaya bırakın. Şeker, fındıkların etrafında sertleşmeli ve şekerlenmiş bir kabuk oluşturmalıdır.

e) Küçük bir kapta mayonez, yoğunlaştırılmış süt, pirinç sirkesi ve bir tutam tuzu karıştırın. Kenara koyun.

f) Wok yağını orta-yüksek ısıda 375 ° F'ye getirin. Yağ ısınırken, karidesleri bir tutam tuzla hafifçe baharatlayın. Karıştırma kabında, iyice kaplanana kadar karidesleri mısır nişastasıyla atın. Küçük partiler halinde çalışarak, fazla mısır nişastasını karidesten sallayın ve yağda kızartın, birbirine yapışmamaları için hızlı bir şekilde yağda hareket ettirin. Karidesleri altın kahverengi olana kadar 2 ila 3 dakika kızartın.

g) Temiz bir karıştırma kabına alıp üzerine sosu gezdirin. Karidesler eşit şekilde kaplanana kadar yavaşça katlayın. Karidesleri bir tabağa koyun ve şekerlenmiş cevizlerle süsleyin. Sıcak servis yapın.

20. Kadife Tarak

İçindekiler:

- 1 büyük yumurta beyazı
- 2 yemek kaşığı mısır nişastası
- 2 yemek kaşığı Shaoxing pirinç şarabı, bölünmüş
- 1 çay kaşığı koşer tuzu, bölünmüş
- 1 kiloluk taze deniz tarağı, durulanmış, kasları alınmış ve kuru
- 3 yemek kaşığı bitkisel yağ, bölünmüş
- 1 yemek kaşığı hafif soya sosu
- $\frac{1}{4}$ su bardağı taze sıkılmış portakal suyu
- 1 portakalın rendelenmiş kabuğu
- Kırmızı pul biber (isteğe bağlı)
- 2 taze soğan, sadece yeşil kısım, garnitür için ince dilimlenmiş

Talimatlar:

a) Büyük bir kapta yumurta akı, mısır nişastası, 1 yemek kaşığı pirinç şarabı ve $\frac{1}{2}$ çay kaşığı tuzu birleştirin ve mısır nişastası tamamen eriyene ve topaklanmayana kadar küçük bir çırpma teli ile karıştırın. Tarakları atın ve 30 dakika soğutun.

b) Köfteleri buzdolabından çıkarın. Orta boy bir tencereye su koyup kaynatın. 1 yemek kaşığı bitkisel yağ ekleyin ve kaynamaya bırakın. Tarakları kaynayan suya ekleyin ve taraklar opaklaşana kadar (taraklar tamamen pişmeyecektir) sürekli karıştırarak 15 ila 20 saniye pişirin. Bir wok skimmer kullanarak, tarakları kağıt havlu kaplı bir fırın tepsisine aktarın ve kağıt havlularla kurulayın.

c) Bir bardak ölçü kabında kalan 1 yemek kaşığı pirinç şarabı, hafif soya, portakal suyu, portakal kabuğu rendesi ve bir tutam kırmızı pul biberi (kullanılıyorsa) birleştirin ve bir kenara koyun.

d) Bir damla su cızırdayana ve temas halinde buharlaşana kadar bir wok'u orta-yüksek ateşte ısıtın. Kalan 2 yemek kaşığı yağı dökün ve wok tabanını kaplamak için girdap yapın. Kalan $\frac{1}{2}$ çay kaşığı tuzu ekleyerek yağı baharatlayın.

e) Kadife tarakları wok'a ekleyin ve sosun içinde döndürün. Tarakları, yaklaşık 1 dakika pişene kadar kızartın. Servis tabağına alıp maydanozlarla süsleyin.

21.   Erişteli Deniz Ürünleri ve Sebzeli Kızartma

İçindekiler:

- 1 su bardağı bitkisel yağ, bölünmüş
- 3 adet soyulmuş taze zencefil dilimi
- koşer tuzu
- 1 inçlik parçalar halinde kesilmiş 1 kırmızı dolmalık biber
- İnce, uzun dikey şeritler halinde dilimlenmiş 1 küçük beyaz soğan
- 1 büyük avuç kar bezelye, ipleri alınmış
- 2 büyük sarımsak karanfil, ince kıyılmış
- 1 inçlik parçalar halinde kesilmiş ½ kiloluk karides veya balık
- 1 yemek kaşığı Siyah Fasulye Sosu
- ½ kiloluk kuru erişte pirinç eriştesi veya fasulye iplik eriştesi

Talimatlar:

a) Bir damla su cızırdayana ve temas halinde buharlaşana kadar bir wok'u orta-yüksek ateşte ısıtın. 2 yemek kaşığı yağı dökün ve wok tabanını kaplamak için döndürün. Zencefil dilimleri ve küçük bir tutam tuz ekleyerek yağı baharatlayın. Zencefilin yağda yaklaşık 30 saniye cızırdamasına izin verin, hafifçe döndürün.

b) Dolmalık biber ve soğanı ekleyin ve bir wok spatula kullanarak wok'ta fırlatıp çevirerek hızlıca karıştırarak kızartın.

c) Hafifçe tuzlayın ve soğan yumuşak ve yarı saydam görünene kadar 4 ila 6 dakika karıştırarak kızartmaya devam edin. Kar bezelyesini ve sarımsağı ekleyin, sarımsak kokulu olana kadar yaklaşık bir dakika daha fırlatıp çevirin. Sebzeleri bir tabağa aktarın.

d) 1 yemek kaşığı daha yağı ısıtın ve karides veya balığı ekleyin. Hafifçe atın ve küçük bir tutam tuzla hafifçe baharatlayın. 3 ila 4 dakika veya karides pembeleşene veya balık pul pul dökülmeye başlayana kadar karıştırın. Sebzeleri iade edin ve her şeyi 1 dakika daha birlikte atın. Zencefili atın ve karidesleri bir tabağa aktarın. Sıcak tutmak için folyo ile çadır.

e) Wok'u silin ve orta-yüksek ısıya geri dönün. Kalan yağı (yaklaşık ¾ fincan) dökün ve 375 ° F'ye veya bir tahta kaşığın ucunda kabarcıklanıp cızırdayana kadar ısıtın. Yağ sıcaklığına gelir gelmez kuru erişteleri ekleyin. Hemen şişmeye ve yağdan yükselmeye başlayacaklar. Maşa kullanarak, üstünü kızartmanız gerekiyorsa erişte bulutunu ters çevirin ve yağdan dikkatlice kaldırın ve tahliye etmek ve soğutmak için kağıt havlu kaplı bir tabağa aktarın.

f) Erişteleri nazikçe daha küçük parçalara ayırın ve tavada kızartılmış sebzelerin ve karideslerin üzerine dağıtın. Hemen servis yapın.

22. Zencefil ve Taze Soğan ile Bütün Buğulanmış Balık

İçindekiler:

balık için

- 1 bütün beyaz balık, yaklaşık 2 kilo, baş başa ve temizlenmiş
- ½ su bardağı koşer tuzu, temizlik için
- 3 inçlik parçalar halinde dilimlenmiş 3 yeşil soğan
- Her biri çeyrek büyüklüğünde 4 soyulmuş taze zencefil dilimi
- 2 yemek kaşığı Shaoxing pirinç şarabı

sosu için

- 2 yemek kaşığı hafif soya sosu
- 1 yemek kaşığı susam yağı
- 2 çay kaşığı şeker

Cızırtılı zencefil yağı için

- 3 yemek kaşığı bitkisel yağ
- 2 yemek kaşığı soyulmuş taze zencefil ince şeritler halinde jülyen doğranmış
- 2 taze soğan, ince dilimlenmiş
- Kırmızı soğan, ince dilimlenmiş (isteğe bağlı)
- Salantro (isteğe bağlı)

Talimatlar:

a) Koşer tuzu ile balığın içini ve dışını ovun. Balıkları durulayın ve kağıt havlularla kurulayın.

b) Bambu vapur sepetine sığacak kadar büyük bir tabakta, yeşil soğan ve zencefilin yarısını kullanarak bir yatak yapın. Balığı üstüne koyun ve kalan yeşil soğanları ve zencefili balığın içine doldurun. Pirinç şarabını balığın üzerine dökün.

c) Bambu vapur sepetini ve kapağını soğuk su altında durulayın ve wok'a yerleştirin. Yaklaşık 2 inç soğuk su dökün veya buharlı pişiricinin alt kenarının yaklaşık $\frac{1}{4}$ ila $\frac{1}{2}$ inç üzerine gelene kadar, ancak su sepetin dibine değecek kadar yüksek değil. Suyu kaynamaya getirin.

d) Plakayı vapur sepetine yerleştirin ve kapatın. Balığı orta ateşte 15 dakika buğulayın (her yarım pound daha fazla için 2 dakika ekleyin). Wok'tan çıkarmadan önce, balığın kafasına yakın bir yerde çatalla delin. Et pul pul dökülürse, bitti. Et hala birbirine yapışırsa, 2 dakika daha buharlayın.

e) Balık buharda pişerken küçük bir tavada hafif soya, susam yağı ve şekeri kısık ateşte ısıtın ve bir kenara koyun.

f) Balıklar piştikten sonra temiz bir tabağa alın. Buharlama tepsisindeki pişirme sıvısını ve aromaları atın. Sıcak soya sosu karışımını balığın üzerine dökün. Yağı hazırlarken sıcak tutmak için folyolu çadır.

23.   Zencefil ve Çin Choy ile Tavada Kızarmış Balık

İçindekiler:

- 1 büyük yumurta beyazı
- 1 yemek kaşığı Shaoxing pirinç şarabı
- 2 çay kaşığı mısır nişastası
- 1 çay kaşığı susam yağı
- ½ çay kaşığı hafif soya sosu
- 2 inçlik parçalar halinde kesilmiş 1 kiloluk kemiksiz balık filetosu
- 4 yemek kaşığı bitkisel yağ, bölünmüş
- koşer tuzu
- Dörtte biri büyüklüğünde 4 soyulmuş taze zencefil dilimi
- 3 kafa baby bok choy, ısırık büyüklüğünde parçalar halinde kesilmiş
- 1 diş sarımsak, kıyılmış

Talimatlar:

a) Orta boy bir kapta yumurta akı, pirinç şarabı, mısır nişastası, susam yağı ve hafif soyayı karıştırın. Balıkları marine ete ekleyin ve kaplamak için karıştırın. 10 dakika marine edin.

b) Bir damla su cızırdayana ve temas halinde buharlaşana kadar bir wok'u orta-yüksek ateşte ısıtın. 2 yemek kaşığı bitkisel yağ dökün ve wok tabanını kaplamak için döndürün. Yağı küçük bir tutam tuz ekleyerek baharatlayın ve hafifçe döndürün.

c) Oluklu bir kaşıkla balıkları marine etinden çıkarın ve wok tavada her iki tarafı hafifçe kızarana kadar her iki tarafı yaklaşık 2 dakika kızartın. Balıkları bir tabağa aktarın ve bir kenara koyun.

d) Kalan 2 yemek kaşığı bitkisel yağı wok'a ekleyin. Bir tutam daha tuz ve zencefil ekleyin ve yağı 30 saniye boyunca hafifçe döndürerek baharatlayın. Çin lahanasını ve sarımsağı ekleyin ve Çin lahanası yumuşayana kadar sürekli karıştırarak 3 ila 4 dakika karıştırın.

e) Balığı wok'a geri koyun ve birleştirilene kadar Çin lahanasıyla birlikte hafifçe atın. Başka bir tutam tuzla hafifçe baharatlayın. Bir tabağa aktarın, zencefili atın ve hemen servis yapın.

24. Siyah Fasulye Soslu Midye

İçindekiler:

- 3 yemek kaşığı bitkisel yağ
- Her biri çeyrek büyüklüğünde 2 soyulmuş taze zencefil dilimi
- koşer tuzu
- 2 inç uzunluğunda parçalar halinde kesilmiş 2 yeşil soğan
- 4 büyük sarımsak karanfil, ince dilimlenmiş
- 2 pound canlı PEI midye, temizlenmiş ve sakalları alınmış
- 2 yemek kaşığı Shaoxing pirinç şarabı
- 2 yemek kaşığı Siyah Fasulye Sosu veya mağazadan satın alınan siyah fasulye sosu
- 2 çay kaşığı susam yağı
- $\frac{1}{2}$ demet taze kişniş, iri kıyılmış

Talimatlar:

a) Bir damla su cızırdayana ve temas halinde buharlaşana kadar bir wok'u orta-yüksek ateşte ısıtın. Bitkisel yağı dökün ve wok tabanını kaplamak için döndürün. Zencefil dilimleri ve küçük bir tutam tuz ekleyerek yağı baharatlayın. Zencefilin yağda yaklaşık 30 saniye cızırdamasına izin verin, hafifçe döndürün.

b) Yeşil soğanları ve sarımsakları atın ve 10 saniye ya da yeşil soğanlar soluncaya kadar karıştırarak kızartın.

c) Midyeleri ekleyin ve yağla kaplayın. Pirinç şarabını wok'un kenarlarından aşağı dökün ve kısaca fırlatın. Midyeler açılıncaya kadar 6 ila 8 dakika boyunca örtün ve buğulayın.

d) Ortaya çıkartın ve midyeleri kaplamak için savurarak siyah fasulye sosunu ekleyin. Üzerini örtüp 2 dakika daha buharda bekletin. Ortaya çıkarın ve açılmamış midyeleri çıkarın.

e) Midyeleri susam yağıyla gezdirin. Susam yağı kokulu olana kadar kısaca atın. Zencefili atın, midyeleri bir tabağa alın ve kişniş ile süsleyin.

25. Hindistan Cevizi Körili Yengeç

İçindekiler:

- 2 yemek kaşığı bitkisel yağ
- 2 adet soyulmuş dilim taze zencefil, yaklaşık çeyrek büyüklüğünde
- koşer tuzu
- 1 arpacık, ince dilimlenmiş
- 1 yemek kaşığı köri tozu
- 1 (13,5 ons) hindistan cevizi sütü olabilir
- ¼ çay kaşığı şeker
- 1 yemek kaşığı Shaoxing pirinç şarabı
- 1 kiloluk konserve yengeç eti, süzülmüş ve kabuk parçalarını çıkarmak için ayıklanmış
- Taze çekilmiş karabiber
- Garnitür için ¼ fincan doğranmış taze kişniş veya düz yapraklı maydanoz
- Servis için pişmiş pirinç

Talimatlar:

a) Bir damla su cızırdayana ve temas halinde buharlaşana kadar bir wok'u orta-yüksek ateşte ısıtın. Yağı dökün ve wok tabanını kaplamak için döndürün. Zencefil dilimleri ve bir tutam tuz ekleyerek yağı baharatlayın. Zencefilin yağda yaklaşık 30 saniye cızırdamasına izin verin, hafifçe döndürün.

b) Arpacık soğanı ekleyin ve yaklaşık 10 saniye karıştırarak kızartın. Köri tozunu ekleyin ve 10 saniye daha kokulu olana kadar karıştırın.

c) Hindistan cevizi sütü, şeker ve pirinç şarabını karıştırın, wok'un kapağını kapatın ve 5 dakika pişirin.

d) Yengeçte karıştırın, kapakla kapatın ve yaklaşık 5 dakika ısınana kadar pişirin. Kapağı çıkarın, baharatı tuz ve karabiberle ayarlayın ve zencefili atın. Bir kase pirincin üzerine koyun ve doğranmış kişniş ile süsleyin.

26. Kızarmış Karabiber Kalamar

İçindekiler:

- 3 su bardağı bitkisel yağ
- 1 kiloluk kalamar tüpleri ve dokunaçları, temizlenmiş ve tüpler kesilmiş ⅓-inç yüzükler
- ½ su bardağı pirinç unu
- koşer tuzu
- ¼ çay kaşığı taze çekilmiş karabiber
- ¾ su bardağı maden suyu, buz gibi soğuk
- 2 yemek kaşığı iri kıyılmış taze kişniş

Talimatlar:

a) Yağı wok'a dökün; yağ yaklaşık 1 ila 1½ inç derinliğinde olmalıdır. Yağı orta-yüksek sıcaklıkta 375 ° F'ye getirin. Yağın doğru sıcaklıkta olduğunu, içine daldırıldığında bir tahta kaşığın ucunda yağ kabarıp cızırdadığında anlayabilirsiniz. Kalamarları kağıt havluyla kurulayın.

b) Bu arada sığ bir kapta pirinç ununu bir tutam tuz ve karabiberle karıştırın. İnce bir hamur oluşturacak kadar köpüklü suda çırpın. Kalamarı katlayın ve gruplar halinde çalışarak, bir wok kepçe veya oluklu kaşık kullanarak kalamarı hamurdan kaldırın, fazlalığı sallayın. Kızgın yağa dikkatlice indirin.

c) Kalamarı altın kahverengi ve gevrek olana kadar yaklaşık 3 dakika pişirin. Bir wok skimmer kullanarak, kalamarı yağdan çıkarın ve kağıt havlu kaplı bir tabağa aktarın ve hafifçe tuzlayın. Kalan kalamar ile tekrarlayın.

d) Kalamarları bir tabağa aktarın ve kişniş ile süsleyin. Sıcak servis yapın.

27. Biber-Sarımsak Konfeti ile Derin Kızarmış İstiridye

İçindekiler:

- 1 (16 ons) kap küçük doğranmış istiridye
- $\frac{1}{2}$ su bardağı pirinç unu
- $\frac{1}{2}$ su bardağı çok amaçlı un, bölünmüş
- $\frac{1}{2}$ çay kaşığı kabartma tozu
- koşer tuzu
- Öğütülmüş beyaz biber
- $\frac{1}{4}$ çay kaşığı soğan tozu
- $\frac{3}{4}$ su bardağı maden suyu, soğutulmuş
- 1 çay kaşığı susam yağı
- 3 su bardağı bitkisel yağ
- 3 büyük sarımsak karanfil, ince dilimlenmiş
- 1 küçük kırmızı biber, ince doğranmış
- 1 küçük yeşil biber, ince doğranmış
- 1 soğan, ince dilimlenmiş

Talimatlar:

a) Bir karıştırma kabında pirinç unu, ¼ fincan çok amaçlı un, kabartma tozu, bir tutam tuz ve beyaz biber ve soğan tozunu karıştırın. Köpüklü su ve susam yağını ekleyin, pürüzsüz olana kadar karıştırın ve bir kenara koyun.

b) Bir wok içinde, bitkisel yağı orta-yüksek ateşte 375 °F'ye veya bir tahta kaşığın ucunda kabarcıklanıp cızırdayana kadar ısıtın.

c) İstiridyeleri bir kağıt havluyla kurulayın ve kalan ¼ fincan çok amaçlı unu serpin. İstiridyeleri teker teker pirinç unu hamuruna batırın ve kızgın yağa dikkatlice indirin.

d) İstiridyeleri 3 ila 4 dakika veya altın rengi kahverengi olana kadar kızartın. Boşaltmak için bir fırın tepsisine yerleştirilmiş bir tel soğutma rafına aktarın. Hafifçe tuz serpin.

e) Yağ sıcaklığını 375 °F'ye döndürün ve sarımsak ve biberleri gevrek ancak yine de parlak renkli olana kadar yaklaşık 45 saniye kısa bir süre kızartın. Bir tel sıyırıcı ile yağdan çıkarın ve kağıt havlu serili bir tabağa koyun.

f) İstiridyeleri bir tabağa alın ve üzerine sarımsak ve biberleri serpin. Dilimlenmiş taze soğanlarla süsleyin ve hemen servis yapın.

KANATLI VE YUMURTA

28.   Kung Pao Tavuk

İçindekiler:

- 3 çay kaşığı hafif soya sosu
- 2½ çay kaşığı mısır nişastası
- 2 çay kaşığı Çin siyah sirkesi
- 1 çay kaşığı Shaoxing pirinç şarabı
- 1 çay kaşığı susam yağı
- ¾ pound kemiksiz, derisiz, tavuk budu, 1 inçlik dilimler halinde kesilmiş
- 2 yemek kaşığı bitkisel yağ
- 6 ila 8 bütün kurutulmuş kırmızı biber
- 3 adet taze soğan, beyaz ve yeşil kısımları ayrılmış, ince dilimlenmiş
- 2 diş sarımsak, kıyılmış
- 1 çay kaşığı soyulmuş kıyılmış taze zencefil
- ¼ su bardağı tuzsuz kuru kavrulmuş fıstık

Talimatlar:

a) Orta boy bir kapta hafif soya, mısır nişastası, siyah sirke, pirinç şarabı ve susam yağını mısır nişastası eriyene kadar karıştırın. Tavuğu ekleyin ve kaplamak için hafifçe karıştırın. 10 ila 15 dakika veya Malzemelerin geri kalanını hazırlamak için yeterli süre marine edin.

b) Bir damla su cızırdayana ve temas halinde buharlaşana kadar bir wok'u orta-yüksek ateşte ısıtın. Bitkisel yağı dökün ve wok tabanını kaplamak için döndürün.

c) Biberleri ekleyin ve yaklaşık 10 saniye ya da sadece kararmaya başlayana ve yağın kokusu hafif çıkana kadar karıştırarak kızartın.

d) Tavuğu ilave edin, turşuyu ayırın ve artık pembeleşene kadar 3 ila 4 dakika karıştırarak kızartın.

e) Yeşil soğan beyazlarını, sarımsağı ve zencefili atın ve yaklaşık 30 saniye karıştırarak kızartın. Marine sosu dökün ve tavuğu kaplamak için karıştırın. Fıstıkları atın ve sos parlak hale gelene kadar 2 ila 3 dakika daha pişirin.

f) Servis tabağına alın, yeşil soğanla süsleyin ve sıcak servis yapın.

29. brokoli tavuk

İçindekiler:

- 1 yemek kaşığı Shaoxing pirinç şarabı
- 2 çay kaşığı hafif soya sosu
- 1 çay kaşığı kıyılmış sarımsak
- 1 çay kaşığı mısır nişastası
- $\frac{1}{4}$ çay kaşığı şeker
- $\frac{3}{4}$ pound kemiksiz, derisiz tavuk budu, 2 inçlik parçalar halinde kesilmiş
- 2 yemek kaşığı bitkisel yağ
- Dörtte biri büyüklüğünde 4 soyulmuş taze zencefil dilimi
- koşer tuzu
- 1 kiloluk brokoli, ısırık büyüklüğünde çiçeklere bölünmüş
- 2 yemek kaşığı su
- Kırmızı pul biber (isteğe bağlı)
- $\frac{1}{4}$ fincan Siyah Fasulye Sosu veya mağazadan satın alınan siyah fasulye sosu

Talimatlar:

a) Küçük bir kapta pirinç şarabı, hafif soya, sarımsak, mısır nişastası ve şekeri karıştırın. Tavukları ekleyip 10 dakika marine edin.

b) Bir damla su cızırdayana ve temas halinde buharlaşana kadar bir wok'u orta-yüksek ateşte ısıtın. Bitkisel yağı dökün ve wok tabanını kaplamak için döndürün. Zencefil ve bir tutam tuz ekleyin. Zencefilin hafifçe kıvrılarak yaklaşık 30 saniye cızırdamasına izin verin.

c) Tavuğu, marineyi atarak wok'a aktarın. Tavuğu, artık pembeleşene kadar 4 ila 5 dakika karıştırarak kızartın. Brokoli, su ve bir tutam kırmızı pul biber (kullanılıyorsa) ekleyin ve 1 dakika karıştırarak kızartın. Wok'u kapatın ve brokoliyi gevrek hale gelene kadar 6 ila 8 dakika buharda pişirin.

d) Siyah fasulye sosunu kaplayıp yaklaşık 2 dakika ya da sos hafifçe kalınlaşıp parlak hale gelene kadar karıştırın.

e) Zencefili atın, bir tabağa aktarın ve sıcak servis yapın.

30. Mandalina Lezzetinde Tavuk

İçindekiler:

- 3 büyük yumurta akı
- 2 yemek kaşığı mısır nişastası
- 1½ yemek kaşığı hafif soya sosu, bölünmüş
- ¼ çay kaşığı öğütülmüş beyaz biber
- ½ kiloluk kemiksiz, derisiz tavuk budu, ısırık büyüklüğünde parçalar halinde kesilmiş
- 3 su bardağı bitkisel yağ
- Her biri çeyrek büyüklüğünde 4 soyulmuş taze zencefil dilimi
- 1 çay kaşığı Sichuan karabiberi, hafifçe kırılmış
- koşer tuzu
- ½ sarı soğan, ¼ inç genişliğinde şeritler halinde ince dilimlenmiş
- ½ inç kalınlığında şeritler halinde doğranmış 1 mandalina kabuğu
- 2 mandalina suyu (yaklaşık ½ su bardağı)
- 2 çay kaşığı susam yağı
- ½ çay kaşığı pirinç sirkesi
- Açık kahverengi şeker

- 2 adet taze soğan, garnitür için ince dilimlenmiş
- Süslemek için 1 yemek kaşığı susam

Talimatlar:

a) Bir karıştırma kabında, bir çatal veya çırpma teli kullanarak yumurta aklarını köpürene ve daha sıkı olan kümeler köpürene kadar çırpın. Mısır nişastasını, 2 çay kaşığı hafif soyayı ve beyaz biberi iyice karışana kadar karıştırın. Tavuğu katlayın ve 10 dakika marine edin.

b) Yağı wok'a dökün; yağ yaklaşık 1 ila $1\frac{1}{2}$ inç derinliğinde olmalıdır. Yağı orta-yüksek sıcaklıkta 375 ° F'ye getirin. Bir tahta kaşığın ucunu yağa batırdığınızda yağın doğru sıcaklıkta olduğunu anlayabilirsiniz. Etrafında yağ kabarır ve cızırdamaya başlarsa yağ hazır demektir.

c) Oluklu bir kaşık veya wok kepçe kullanarak tavuğu marine sosundan çıkarın ve fazlalığı sallayın. Kızgın yağa dikkatlice indirin. Tavuğu gruplar halinde 3 ila 4 dakika veya tavuğun yüzeyi kızarana ve çıtır çıtır olana kadar kızartın. Kağıt havlu serili bir tabağa aktarın.

d) Wok'tan 1 yemek kaşığı yağ hariç hepsini dökün ve orta-yüksek ısıya ayarlayın. Wok'un tabanını kaplamak için yağı döndürün. Zencefil, karabiber ve bir tutam tuz ekleyerek yağı baharatlayın. Zencefil ve karabiberleri yağda yaklaşık 30 saniye hafifçe döndürerek cızırdamaya bırakın.

e) Soğanı ekleyin ve 2 ila 3 dakika boyunca veya soğan yumuşak ve yarı saydam hale gelene kadar bir wok spatula ile fırlatıp çevirerek kızartın. Mandalina kabuğunu ekleyin ve bir dakika daha veya kokulu olana kadar karıştırarak kızartın.

f) Mandalina suyu, susam yağı, sirke ve bir tutam esmer şeker ekleyin. Sosu kaynatın ve yarı yarıya azalana kadar yaklaşık 6 dakika pişirin. Şuruplu ve çok keskin olmalı. Tadın ve gerekirse bir tutam tuz ekleyin.

g) Ocağı kapatın ve kızarmış tavuğu sosla kaplamak için savurarak ekleyin. Tavuğu bir tabağa alın, zencefili atın ve dilimlenmiş yeşil soğan ve susam ile süsleyin. Sıcak servis yapın.

31. Kaju TAVUK

4'DEN 6'YA HİZMET

İçindekiler:

- 1 yemek kaşığı hafif soya sosu
- 2 çay kaşığı Shaoxing pirinç şarabı
- 2 çay kaşığı mısır nişastası
- 1 çay kaşığı susam yağı
- ½ çay kaşığı öğütülmüş Sichuan karabiberi
- 1 inç küpler halinde kesilmiş ¾ pound kemiksiz, derisiz, tavuk budu
- 2 yemek kaşığı bitkisel yağ
- ½ inç parça soyulmuş ince kıyılmış taze zencefil
- koşer tuzu
- ½ kırmızı dolmalık biber, ½ inçlik parçalar halinde kesilmiş
- 1 küçük kabak, ½ inçlik parçalar halinde kesilmiş
- 2 diş sarımsak, kıyılmış
- ½ su bardağı tuzsuz kuru kavrulmuş kaju
- 2 adet taze soğan, beyaz ve yeşil kısımları ayrılmış, ince dilimlenmiş

Talimatlar:

a) Orta boy bir kapta hafif soya, pirinç şarabı, mısır nişastası, susam yağı ve Sichuan biberini karıştırın. Tavuğu ekleyin ve kaplamak için hafifçe karıştırın. 15 dakika ya da Malzemelerin geri kalanını hazırlamaya yetecek kadar marine olmasına izin verin.

b) Bir damla su cızırdayana ve temas halinde buharlaşana kadar bir wok'u orta-yüksek ateşte ısıtın. Bitkisel yağı dökün ve wok tabanını kaplamak için döndürün. Zencefil ve bir tutam tuz ekleyerek yağı baharatlayın. Zencefilin yağda yaklaşık 30 saniye cızırdamasına izin verin, hafifçe döndürün.

c) Maşa kullanarak, tavuğu marine etinden çıkarın ve turşuyu ayırarak wok'a aktarın. Tavuğu, artık pembeleşene kadar 4 ila 5 dakika karıştırarak kızartın. Kırmızı dolmalık biber, kabak ve sarımsak ekleyin ve 2 ila 3 dakika veya sebzeler yumuşayana kadar karıştırarak kızartın.

d) Marine sosu dökün ve diğer malzemeleri kaplamak için karıştırın. Turşuyu kaynatın ve sos kalınlaşıp parlak hale gelene kadar 1-2 dakika karıştırarak kızartmaya devam edin. Kajuları karıştırın ve bir dakika daha pişirin.

e) Servis tabağına alıp maydanozlarla süsleyin ve sıcak servis yapın.

32. Kadife Tavuk ve Kar Bezelye

İçindekiler:

- 2 büyük yumurta akı
- 2 yemek kaşığı mısır nişastası, artı 1 çay kaşığı
- $\frac{1}{2}$ kilo kemiksiz, derisiz tavuk göğsü
- $3\frac{1}{2}$ yemek kaşığı bitkisel yağ, bölünmüş
- $\frac{1}{3}$ bir fincan düşük sodyumlu tavuk suyu
- 1 yemek kaşığı Shaoxing pirinç şarabı
- koşer tuzu
- Öğütülmüş beyaz biber
- 4 adet soyulmuş taze zencefil dilimi
- 1 (4 ons) dilimlenmiş bambu filizleri, durulanmış ve süzülmüş olabilir
- 3 diş sarımsak, kıyılmış
- $\frac{3}{4}$ pound kar bezelyesi veya şekerli bezelye, ipleri alınmış

Talimatlar:

a) Bir karıştırma kabında, bir çatal veya çırpma teli kullanarak, yumurta aklarını köpürene ve daha sıkı yumurta beyazı kümeleri köpürene kadar çırpın. 2 yemek kaşığı mısır nişastasını iyice karışana ve artık topaklanmayana kadar karıştırın. Tavuğu ve 1 yemek kaşığı bitkisel yağı katlayın ve marine edin.

b) Küçük bir kapta tavuk suyu, pirinç şarabı ve kalan 1 çay kaşığı mısır nişastasını karıştırın ve bir tutam tuz ve beyaz biberle tatlandırın. Kenara koyun.

c) Suyla dolu orta boy bir tencereyi yüksek ateşte kaynatın. $\frac{1}{2}$ yemek kaşığı yağ ekleyin ve ısıyı azaltın. Marine suyunun akmasını sağlamak için bir wok kepçe veya oluklu kaşık kullanarak tavuğu kaynar suya aktarın. Parçaların bir araya gelmemesi için tavuğu karıştırın. Tavuğun dışı beyaz olana, ancak pişmemiş olana kadar 40 ila 50 saniye pişirin. Tavuğu bir kevgir içinde boşaltın ve fazla suyu sallayın. Kaynayan suyu atın.

d) Bir damla su cızırdayana ve temas halinde buharlaşana kadar bir wok'u orta-yüksek ateşte ısıtın. Kalan 2 yemek kaşığı yağı dökün ve wok tabanını kaplamak için girdap yapın. Zencefil dilimlerini ve tuzu ekleyerek yağı baharatlayın. Zencefilin yağda yaklaşık 30 saniye cızırdamasına izin verin, hafifçe döndürün.

e) Bambu filizlerini ve sarımsağı ekleyin ve bir wok spatula kullanarak yağla kaplayın ve kokulu olana kadar yaklaşık 30 saniye pişirin. Kar bezelyesini ekleyin ve parlak yeşil ve gevrek yumuşayana kadar yaklaşık 2 dakika karıştırarak kızartın. Tavuğu wok'a ekleyin ve sos karışımında döndürün. Kaplamak için atın ve 1 ila 2 dakika pişirmeye devam edin.

f) Bir tabağa aktarın ve zencefili atın. Sıcak servis yapın.

33. Siyah Fasulye Soslu Tavuk ve Sebze

İçindekiler:

- 1 yemek kaşığı hafif soya sosu
- 1 çay kaşığı susam yağı
- 1 çay kaşığı mısır nişastası
- ½ kiloluk kemiksiz, derisiz tavuk budu, ısırık büyüklüğünde parçalar halinde kesilmiş
- 3 yemek kaşığı bitkisel yağ, bölünmüş
- 1 adet soyulmuş taze zencefil dilimi, yaklaşık çeyrek büyüklüğünde
- koşer tuzu
- 1 küçük sarı soğan, ısırık büyüklüğünde parçalar halinde kesilmiş
- ½ kırmızı dolmalık biber, lokma büyüklüğünde doğranmış
- ½ sarı veya yeşil dolmalık biber, ısırık büyüklüğünde parçalar halinde kesilmiş
- 3 diş sarımsak, doğranmış
- ⅓ fincan Siyah Fasulye Sosu veya mağazadan satın alınan siyah fasulye sosu

Talimatlar:

a) Büyük bir kapta hafif soya, susam yağı ve mısır nişastasını mısır nişastası eriyene kadar karıştırın. Tavuğu ekleyin ve marine edip kaplamak için atın. Tavuğu 10 dakika marine etmek için bir kenara koyun.

b) Bir damla su cızırdayana ve temas halinde buharlaşana kadar bir wok'u orta-yüksek ateşte ısıtın. 2 yemek kaşığı bitkisel yağ döküp ve wok tabanını kaplamak için döndürün. Zencefil ve bir tutam tuz ekleyerek yağı baharatlayın. Zencefilin yağda yaklaşık 30 saniye cızırdamasına izin verin, hafifçe döndürün.

c) Tavuğu wok'a aktarın ve turşuyu atın. Parçaları 2 ila 3 dakika wok'ta sararsın. 1 ila 2 dakika daha diğer tarafı sararmak için çevirin. 1 dakika daha wok tavada hızlıca çevirerek karıştırarak kızartın. Temiz bir kaba aktarın.

d) Kalan 1 yemek kaşığı yağı ekleyin ve soğan ve dolmalık biberleri atın. Soğan yarı saydam görünene kadar ancak dokuda hala sağlam olana kadar sebzeleri bir wok spatula ile fırlatıp çevirerek 2 ila 3 dakika hızlı bir şekilde kızartın. Sarımsakları ekleyin ve 30 saniye daha karıştırın.

e) Tavuğu wok'a geri koyun ve siyah fasulye sosunu ekleyin. Tavuk ve sebzeler kaplanana kadar fırlatın ve çevirin.

f) Bir tabağa aktarın, zencefili atın ve sıcak servis yapın.

34. Yeşil Fasulyeli Tavuk

İçindekiler:

- $\frac{3}{4}$ pound kemiksiz, derisiz tavuk budu, tahıl boyunca ısırık büyüklüğünde şeritler halinde dilimlenmiş
- 3 yemek kaşığı Shaoxing pirinç şarabı, bölünmüş
- 2 çay kaşığı mısır nişastası
- koşer tuzu
- Kırmızı pul biber
- 3 yemek kaşığı bitkisel yağ, bölünmüş
- Her biri çeyrek büyüklüğünde 4 soyulmuş taze zencefil dilimi
- $\frac{3}{4}$ pound yeşil fasulye, kesilmiş ve çapraz olarak yarıya bölünmüş
- 2 yemek kaşığı hafif soya sosu
- 1 yemek kaşığı terbiyeli pirinç sirkesi
- $\frac{1}{4}$ fincan şeritli badem, kızarmış
- 2 çay kaşığı susam yağı

Talimatlar:

a) Bir karıştırma kabında tavuğu 1 yemek kaşığı pirinç şarabı, mısır nişastası, küçük bir tutam tuz ve bir tutam kırmızı pul biber ile karıştırın. Tavuğu eşit şekilde kaplamak için karıştırın. 10 dakika marine edin.

b) Bir damla su cızırdayana ve temas halinde buharlaşana kadar bir wok'u orta-yüksek ateşte ısıtın. 2 yemek kaşığı bitkisel yağ dökün ve wok tabanını kaplamak için döndürün. Zencefil ve küçük bir tutam tuz ekleyerek yağı baharatlayın. Zencefilin yağda yaklaşık 30 saniye cızırdamasına izin verin, hafifçe döndürün.

c) Tavuğu ekleyin ve wok'a marine edin ve 3 ila 4 dakika ya da tavuk hafifçe kızarana ve artık pembeleşene kadar karıştırın. Temiz bir kaba aktarın ve bir kenara koyun.

d) Kalan 1 yemek kaşığı bitkisel yağı ekleyin ve yeşil fasulyeleri 2 ila 3 dakika veya parlak yeşile dönene kadar kızartın. Tavuğu wok'a geri koyun ve birlikte atın. Kalan 2 yemek kaşığı pirinç şarabı, hafif soya ve sirkeyi ekleyin. Birleştirmek ve kaplamak için atın ve yeşil fasulyeleri 3 dakika daha veya yeşil fasulyeler yumuşayana kadar pişirin. Zencefili çıkarın ve atın.

e) Bademleri içine atın ve bir tabağa aktarın. Üzerine susam yağı gezdirip sıcak servis yapın.

35.   Susam Soslu Tavuk

İçindekiler:

- 3 büyük yumurta akı
- 3 yemek kaşığı mısır nişastası, bölünmüş
- $1\frac{1}{2}$ yemek kaşığı hafif soya sosu, bölünmüş
- 1 pound kemiksiz, derisiz tavuk budu, ısırık büyüklüğünde parçalar halinde kesilmiş
- 3 su bardağı bitkisel yağ
- Her biri çeyrek büyüklüğünde 3 adet soyulmuş taze zencefil dilimi
- koşer tuzu
- Kırmızı pul biber
- 3 diş sarımsak, iri kıyılmış
- $\frac{1}{4}$ fincan düşük sodyumlu tavuk suyu
- 2 yemek kaşığı susam yağı
- 2 adet taze soğan, garnitür için ince dilimlenmiş
- Süslemek için 1 yemek kaşığı susam

Talimatlar:

a) Bir karıştırma kabında, bir çatal veya çırpma teli kullanarak, yumurta aklarını köpürene ve daha sıkı yumurta beyazı kümeleri köpürene kadar çırpın. 2 yemek kaşığı mısır nişastasını ve 2 çay kaşığı hafif soyayı iyice karışana kadar karıştırın. Tavuğu katlayın ve 10 dakika marine edin.

b) Yağı wok'a dökün; yağ yaklaşık 1 ila 1½ inç derinliğinde olmalıdır. Yağı orta-yüksek sıcaklıkta 375 ° F'ye getirin. Bir tahta kaşığın ucunu yağa batırdığınızda yağın doğru sıcaklıkta olduğunu anlayabilirsiniz. Etrafında yağ kabarır ve cızırdamaya başlarsa yağ hazır demektir.

c) Oluklu bir kaşık veya wok kepçe kullanarak tavuğu marine sosundan çıkarın ve fazlalığı sallayın. Kızgın yağa dikkatlice indirin. Tavuğu gruplar halinde 3 ila 4 dakika veya tavuğun yüzeyi kızarana ve çıtır çıtır olana kadar kızartın. Kağıt havlu serili bir tabağa aktarın.

d) Wok'tan 1 yemek kaşığı yağ hariç hepsini dökün ve orta-yüksek ısıya ayarlayın. Wok'un tabanını kaplamak için yağı döndürün. Zencefil ve bir tutam tuz ve kırmızı pul biber ekleyerek yağı tatlandırın. Zencefil ve biber gevreğini yağda yaklaşık 30 saniye hafifçe döndürerek cızırdamaya bırakın.

e) Sarımsakları ekleyin ve karıştırarak, 30 saniye boyunca bir wok spatula ile fırlatıp çevirin. Kalan 2½ çay kaşığı hafif soya ve kalan 1 yemek kaşığı mısır nişastası ile tavuk suyunu karıştırın. Sos kalınlaşana ve parlak hale gelene kadar 4 ila 5 dakika pişirin. Susam yağını ekleyin ve birleştirmek için karıştırın.

f) Ocağı kapatın ve kızarmış tavuğu sosla kaplamak için savurarak ekleyin. Zencefili çıkarın ve atın. Bir tabağa aktarın ve dilimlenmiş taze soğan ve susam ile süsleyin.

36. Tatlı ve ekşi tavuk

İçindekiler:

- 2 yemek kaşığı mısır nişastası ve 2 yemek kaşığı su
- 3 yemek kaşığı bitkisel yağ, bölünmüş
- 4 adet soyulmuş taze zencefil dilimi
- $\frac{3}{4}$ pound kemiksiz, derisiz tavuk budu, ısırık büyüklüğünde kesilmiş
- $\frac{1}{2}$ kırmızı dolmalık biber, $\frac{1}{2}$ inçlik parçalar halinde kesilmiş
- $\frac{1}{2}$ yeşil dolmalık biber, $\frac{1}{2}$ inçlik parçalar halinde kesilmiş
- $\frac{1}{2}$ sarı soğan, $\frac{1}{2}$ inçlik parçalar halinde kesilmiş
- 1 (8 ons) ananas parçaları, süzülmüş, meyve suları saklıdır
- 1 (4 ons) dilimlenmiş kestane, süzülmüş olabilir
- $\frac{1}{4}$ fincan düşük sodyumlu tavuk suyu
- 2 yemek kaşığı açık kahverengi şeker
- 2 yemek kaşığı elma sirkesi
- 2 yemek kaşığı ketçap
- 1 çay kaşığı Worcestershire sosu
- Garnitür için ince dilimlenmiş 3 taze soğan

Talimatlar:

a) Küçük bir kapta mısır nişastasını ve suyu karıştırın ve bir kenara koyun.

b) Bir damla su cızırdayana ve temas halinde buharlaşana kadar bir wok'u orta-yüksek ateşte ısıtın. 2 yemek kaşığı yağı dökün ve wok tabanını kaplamak için döndürün. Zencefil ve bir tutam tuz ekleyerek yağı baharatlayın. Zencefilin yağda yaklaşık 30 saniye cızırdamasına izin verin, hafifçe döndürün.

c) Tavuğu ekleyin ve wok'ta 2-3 dakika kızartın. Tavuğu çevirin ve fırlatın, yaklaşık 1 dakika daha veya artık pembeleşene kadar kızartın. Bir kaseye aktarın ve bir kenara koyun.

d) Kalan 1 yemek kaşığı yağı ekleyin ve kaplamak için döndürün. Kırmızı ve yeşil dolmalık biberleri ve soğanı yumuşak ve yarı saydam olana kadar 3 ila 4 dakika karıştırın. Ananas ve su kestanelerini ekleyin ve bir dakika daha karıştırarak kızartmaya devam edin. Sebzeleri tavuğa ekleyin ve bir kenara koyun.

e) Ayrılmış ananas suyu, tavuk suyu, esmer şeker, sirke, ketçap ve Worcestershire sosunu wok'a dökün ve kaynatın. Isıyı orta-yüksek seviyede tutun ve sıvı yarı yarıya azalana kadar yaklaşık 4 dakika pişirin.

f) Tavuğu ve sebzeleri wok'a geri koyun ve sos ile birleştirmek için fırlatın. Mısır nişastası-su karışımını hızlıca karıştırın ve wok'a ekleyin. Mısır nişastası sosu kalınlaştırıp parlak hale gelene kadar her şeyi fırlatın ve çevirin.

g) Zencefili atın, bir tabağa aktarın, yeşil soğanla süsleyin ve sıcak servis yapın.

37.   Moo Goo Gai Tavası

İçindekiler:

- 1 yemek kaşığı hafif soya sosu
- 1 yemek kaşığı Shaoxing pirinç şarabı
- 2 çay kaşığı susam yağı
- Yarım kilo kemiksiz, derisiz tavuk göğsü, dilimlenmiş
- ½ su bardağı düşük sodyumlu tavuk suyu
- 2 yemek kaşığı istiridye sosu
- 1 çay kaşığı şeker
- 1 yemek kaşığı mısır nişastası
- 3 yemek kaşığı bitkisel yağ, bölünmüş
- 4 adet soyulmuş taze zencefil dilimi
- 4 ons' taze düğme mantarları, ince dilimlenmiş
- 1 (4 ons) dilimlenmiş bambu filizleri, süzülmüş
- 1 (4 ons) dilimlenmiş kestane, süzülmüş olabilir
- 1 diş sarımsak, ince kıyılmış

Talimatlar:

a) Büyük bir kapta hafif soya, pirinç şarabı ve susam yağını pürüzsüz olana kadar çırpın. Tavuğu ekleyin ve kaplamak için atın. 15 dakika marine edin.

b) Küçük bir kapta tavuk suyu, istiridye sosu, şeker ve mısır nişastasını pürüzsüz olana kadar çırpın ve bir kenara koyun.

c) Bir damla su cızırdayana ve temas halinde buharlaşana kadar bir wok'u orta-yüksek ateşte ısıtın. 2 yemek kaşığı bitkisel yağ dökün ve wok tabanını kaplamak için döndürün. Zencefil ve küçük bir tutam tuz ekleyerek yağı baharatlayın. Zencefilin yağda yaklaşık 30 saniye cızırdamasına izin verin, hafifçe döndürün.

d) Tavuğu ekleyin ve marineyi atın. Tavuk artık pembeleşene kadar 2 ila 3 dakika karıştırarak kızartın. Temiz bir kaba aktarın ve bir kenara koyun.

e) Kalan 1 yemek kaşığı bitkisel yağı ekleyin. Mantarları hızlıca fırlatıp çevirerek 3 ila 4 dakika karıştırarak kızartın. Mantarlar kurur kurumaz, tavada kızartmayı bırakın ve mantarları bir dakika kadar sıcak wok'ta bekletin.

f) Bambu filizlerini, kestaneleri ve sarımsağı ekleyin. 1 dakika ya da sarımsak kokulu olana kadar karıştırarak kızartın. Tavuğu wok'a geri koyun ve birleştirmek için fırlatın.

g) Sosu birlikte karıştırın ve wok'a ekleyin. Karıştırın ve sos kaynamaya başlayana kadar yaklaşık 45 saniye pişirin. Sos kalınlaşıp parlak hale gelene kadar savurmaya ve çevirmeye devam edin. Zencefili çıkarın ve atın.

38. Yumurta Foo Yong

İçindekiler:

- 5 büyük yumurta, oda sıcaklığında
- koşer tuzu
- Öğütülmüş beyaz biber
- $\frac{1}{2}$ su bardağı ince dilimlenmiş şitaki mantarı kapakları
- $\frac{1}{2}$ su bardağı dondurulmuş bezelye, çözülmüş
- 2 taze soğan, doğranmış
- 2 çay kaşığı susam yağı
- $\frac{1}{2}$ su bardağı düşük sodyumlu tavuk suyu
- $1\frac{1}{2}$ yemek kaşığı istiridye sosu
- 1 yemek kaşığı Shaoxing pirinç şarabı
- $\frac{1}{2}$ çay kaşığı şeker
- 2 yemek kaşığı hafif soya sosu
- 1 yemek kaşığı mısır nişastası
- 3 yemek kaşığı bitkisel yağ
- Servis için pişmiş pirinç

Talimatlar:

a) Büyük bir kapta yumurtaları bir tutam tuz ve beyaz biberle çırpın. Mantarları, bezelyeleri, yeşil soğanları ve susam yağını karıştırın. Kenara koyun.

b) Tavuk suyu, istiridye sosu, pirinç şarabı ve şekeri küçük bir tencerede orta ateşte kaynatarak sosu yapın. Küçük bir cam ölçüm kabında, mısır nişastası tamamen eriyene kadar hafif soya ve mısır nişastasını çırpın. Mısır nişastası karışımını sürekli çırparak sosun içine dökün ve sos kaşığın arkasını kaplayacak kadar kalınlaşana kadar 3 ila 4 dakika pişirin. Örtün ve bir kenara koyun.

c) Bir damla su cızırdayana ve temas halinde buharlaşana kadar bir wok'u orta-yüksek ateşte ısıtın. Bitkisel yağı dökün ve wok tabanını kaplamak için döndürün. Yumurta karışımını ekleyin ve alt tarafı altın rengi olana kadar wok'u döndürerek ve sallayarak pişirin. Omleti tavadan bir tabağa alın ve wok üzerinde ters çevirin veya diğer tarafı altın rengi olana kadar bir spatula ile çevirin. Omleti servis tabağına alın ve pişmiş pilavın üzerine bir kaşık sos ile servis yapın.

39. Domatesli Yumurtalı Kızartma

İçindekiler:

- 4 büyük yumurta, oda sıcaklığında
- 1 çay kaşığı Shaoxing pirinç şarabı
- ½ çay kaşığı susam yağı
- ½ çay kaşığı koşer tuzu
- Taze çekilmiş karabiber
- 3 yemek kaşığı bitkisel yağ, bölünmüş
- Her biri çeyrek büyüklüğünde 2 soyulmuş taze zencefil dilimi
- 1 kiloluk üzüm veya kiraz domates
- 1 çay kaşığı şeker
- Servis için pişmiş pirinç veya erişte

Talimatlar:

a) Büyük bir kapta, yumurtaları çırpın. Pirinç şarabını, susam yağını, tuzu ve bir tutam biberi ekleyin ve birleşene kadar çırpmaya devam edin.

b) Bir damla su cızırdayana ve temas halinde buharlaşana kadar bir wok'u orta-yüksek ateşte ısıtın. 2 yemek kaşığı bitkisel yağ dökün ve wok tabanını kaplamak için döndürün. Yumurta karışımını sıcak wok içine çevirin. Pişirmek için yumurtaları çevirin ve sallayın. Yumurtaları yeni pişip kurumadan servis tabağına alın. Sıcak tutmak için folyo ile çadır.

c) Kalan 1 yemek kaşığı bitkisel yağı wok'a ekleyin. Zencefil ve bir tutam tuz ekleyerek yağı baharatlayın. Zencefilin yağda yaklaşık 30 saniye cızırdamasına izin verin, hafifçe döndürün.

d) Domatesleri ve şekeri atıp yağla kaplayın. Kapağını kapatıp, domatesler yumuşayıncaya ve suyunu bırakana kadar ara sıra karıştırarak yaklaşık 5 dakika pişirin. Zencefil dilimlerini atın ve domatesleri tuz ve karabiberle tatlandırın.

e) Domatesleri yumurtaların üzerine koyun ve pişmiş pirinç veya eriştelerin üzerine servis yapın.

40. Karides ve Çırpılmış Yumurta

İçindekiler:

- 2 yemek kaşığı koşer tuzu, ayrıca baharat için daha fazlası
- 2 yemek kaşığı şeker
- 2 su bardağı soğuk su
- 6 ons' orta boy karides (U41-50), soyulmuş ve damarlı
- 4 büyük yumurta, oda sıcaklığında
- ½ çay kaşığı susam yağı
- Taze çekilmiş karabiber
- 2 yemek kaşığı bitkisel yağ, bölünmüş
- Her biri çeyrek büyüklüğünde 2 soyulmuş taze zencefil dilimi
- 2 diş sarımsak, ince dilimlenmiş
- 1 demet frenk soğanı, ½ inçlik parçalar halinde kesilmiş

Talimatlar:

a) Büyük bir kapta, tuzu ve şekeri suda eriyene kadar çırpın. Karidesleri tuzlu suya ekleyin. 10 dakika boyunca örtün ve soğutun.

b) Karidesleri bir kevgir içinde boşaltın ve durulayın. Salamurayı atın. Karidesleri kağıt havlu serilmiş fırın tepsisine yayın ve kurulayın.

c) Başka bir büyük kapta, yumurtaları susam yağı ve bir tutam tuz ve karabiber ile birleşene kadar çırpın. Kenara koyun.

d) Bir damla su cızırdayana ve temas halinde buharlaşana kadar bir wok'u orta-yüksek ateşte ısıtın. 1 çorba kaşığı bitkisel yağ dökün ve wok tabanını kaplamak için döndürün. Zencefil ve bir tutam tuz ekleyerek yağı baharatlayın. Zencefilin yağda yaklaşık 30 saniye cızırdamasına izin verin, hafifçe döndürün.

e) Sarımsağı ekleyin ve yağı tatlandırmak için yaklaşık 10 saniye kısaca kızartın. Sarımsakların kızarmasına veya yanmasına izin vermeyin. Karidesleri ekleyin ve pembeleşene kadar yaklaşık 2 dakika karıştırın. Bir tabağa aktarın ve zencefili atın.

f) Wok'u tekrar ısıya getirin ve kalan 1 yemek kaşığı bitkisel yağı ekleyin. Yağ sıcak olduğunda, yumurta karışımını wok'a çevirin. Pişirmek için yumurtaları çevirin ve sallayın. Tavaya frenk soğanı ekleyin ve yumurtalar pişip kurumadan pişene kadar pişirmeye devam edin. Karidesleri tavaya geri koyun ve birleştirmek için fırlatın. Servis tabağına aktarın.

41. Tuzlu Buharda Yumurta Muhallebi

İçindekiler:

- 4 büyük yumurta, oda sıcaklığında
- $1\frac{3}{4}$ su bardağı düşük sodyumlu tavuk suyu veya filtrelenmiş su
- 2 çay kaşığı Shaoxing pirinç şarabı
- $\frac{1}{2}$ çay kaşığı koşer tuzu
- 2 taze soğan, sadece yeşil kısım, ince dilimlenmiş
- 4 çay kaşığı susam yağı

Talimatlar:

a) Büyük bir kapta, yumurtaları çırpın. Et suyu ve pirinç şarabını ekleyin ve birleştirmek için çırpın. Hava kabarcıklarını gidermek için yumurta karışımını sıvı bir ölçüm kabının üzerine yerleştirilmiş ince gözenekli bir elekten süzün. Yumurta karışımını 4 (6 ons) tepsiye dökün. Bir soyma bıçağı ile yumurta karışımının yüzeyindeki kabarcıkları patlatın. Ramekinlerin üzerini alüminyum folyo ile kaplayın.

b) Bambu vapur sepetini ve kapağını soğuk su altında durulayın ve wok'a yerleştirin. 2 inç veya buharlı pişiricinin alt kenarının $\frac{1}{4}$ ila $\frac{1}{2}$ inç üzerine gelene kadar, ancak sepetin dibine değmeyecek kadar fazla su dökün. Ramekinleri buharlı pişirici sepetine yerleştirin. Kapakla örtün.

c) Suyu kaynatın, ardından ısıyı düşük kaynamaya indirin. Düşük ısıda yaklaşık 10 dakika veya yumurtalar yeni ayarlanana kadar buğulayın.

d) Ramekinleri buharlı pişiriciden dikkatlice çıkarın ve her bir muhallebiyi biraz yeşil soğan ve birkaç damla susam yağı ile süsleyin. Hemen servis yapın.

42. Çin yemeği kızarmış tavuk kanatları

İçindekiler:

- 10 bütün tavuk kanadı, yıkanmış ve kurulanmış
- 1/8 çay kaşığı karabiber
- 1/4 çay kaşığı beyaz biber
- $\frac{1}{4}$ çay kaşığı sarımsak tozu
- 1 çay kaşığı tuz
- $\frac{1}{2}$ çay kaşığı şeker
- 1 yemek kaşığı soya sosu
- 1 yemek kaşığı Shaoxing şarabı
- 1 çay kaşığı susam yağı
- 1 yumurta
- 1 yemek kaşığı mısır nişastası
- 2 yemek kaşığı un
- kızartmalık yağ

Talimatlar:

a) Tüm malzemeleri (tabii ki kızartma yağı hariç) geniş bir karıştırma kabında birleştirin. Kanatlar iyice kaplanana kadar her şeyi karıştırın.
b) En iyi sonucu almak için kanatları oda sıcaklığında 2 saat veya buzdolabında bir gece bekletin.
c) Marine ettikten sonra kanatlarda sıvı görünüyorsa tekrar iyice karıştırdığınızdan emin olun. Kanatlar, ince hamur benzeri bir kaplama ile iyi bir şekilde kaplanmalıdır. Hala çok sulu görünüyorsa, biraz daha mısır nişastası ve un ekleyin.

d) Orta boy bir tencereyi yaklaşık 2/3'ü kadar yağla doldurun ve 325 derece F'ye ısıtın.
e) Kanatları küçük partiler halinde 5 dakika kızartın ve kağıt havlu serilmiş bir tepsiye alın. Tüm kanatlar kızartıldıktan sonra gruplar halinde yağa geri alın ve tekrar 3 dakika kızartın.
f) Kağıt havlu veya soğutma rafına boşaltın ve acı sos ile servis yapın!

43. Tay fesleğenli tavuk

4 KİŞİLİK

İçindekiler:

- 3 ila 4 yemek kaşığı sıvı yağ
- 3 Tayland kuşu veya Hollanda biberi
- 3 arpacık, ince dilimlenmiş
- 5 diş sarımsak, dilimlenmiş
- 1 pound öğütülmüş tavuk
- 2 çay kaşığı şeker veya bal
- 2 yemek kaşığı soya sosu
- 1 yemek kaşığı balık sosu
- ⅓ bir su bardağı düşük sodyumlu tavuk suyu veya su
- 1 demet kutsal fesleğen veya Tay fesleğen yaprağı

Talimatlar:

a) Yüksek ısılı bir wokta yağ, biber, arpacık soğanı ve sarımsağı ekleyip 1-2 dakika kavurun.
b) Kıyılmış tavuğu ekleyin ve 2 dakika karıştırarak kızartın, tavuğu küçük parçalara ayırın.
c) Şeker, soya sosu ve balık sosunu ekleyin. Bir dakika daha karıştırın ve tavayı et suyuyla parlatın. Tavanız yüksek ısıda olduğu için sıvı çok çabuk pişmelidir.
d) Fesleğeni ekleyin ve suyunu çekene kadar karıştırarak pişirin.
e) Pirinç üzerinde servis yapın.

Sığır eti, domuz eti ve kuzu eti

44. Kızarmış domuz yağı

İçindekiler:

- 3/4 libre yağsız domuz göbeği, derisi yüzülmüş
- 2 yemek kaşığı sıvı yağ
- 1 yemek kaşığı şeker (varsa kaya şekeri tercih edilir)
- 3 yemek kaşığı Shaoxing şarabı
- 1 yemek kaşığı normal soya sosu
- ½ yemek kaşığı koyu soya sosu
- 2 su bardağı su

Talimatlar:

a) Domuz göbeğinizi 3/4 inç kalınlığında parçalar halinde keserek başlayın.
b) Bir tencereye suyu kaynatın. Domuz göbeği parçalarını birkaç dakika haşlayın. Bu yabancı maddelerden kurtulur ve pişirme işlemini başlatır. Domuz eti tencereden çıkarın, durulayın ve bir kenara koyun.
c) Kısık ateşte yağı ve şekeri wok'unuza ekleyin. Şekeri hafifçe eritin ve domuz eti ekleyin. Isıyı orta dereceye yükseltin ve domuz eti hafifçe kızarana kadar pişirin.
d) Isıyı tekrar düşük seviyeye getirin ve Shaoxing yemek şarabı, normal soya sosu, koyu soya sosu ve su ekleyin.
e) Örtün ve domuz eti çatal ihale oluncaya kadar yaklaşık 45 dakika ila 1 saat pişirin. Her 5-10 dakikada bir, yanmayı önlemek için karıştırın ve çok kurursa daha fazla su ekleyin.
f) Domuz eti çatalla yumuşadığında, hala çok fazla görünür sıvı varsa, wok'u açın, ısıyı yükseltin ve sos parlak bir kaplamaya dönüşene kadar sürekli karıştırın.

45. Domates ve Dana Kızartma

İçindekiler:

- ¾ pound yan veya etek bifteği, tahıllara karşı ¼ inç kalınlığında dilimler halinde kesin
- 1½ yemek kaşığı mısır nişastası, bölünmüş
- 1 yemek kaşığı Shaoxing pirinç şarabı
- koşer tuzu
- Öğütülmüş beyaz biber
- 1 yemek kaşığı domates salçası
- 2 yemek kaşığı hafif soya sosu
- 1 çay kaşığı susam yağı
- 1 çay kaşığı şeker
- 2 yemek kaşığı su
- 2 yemek kaşığı bitkisel yağ
- Her biri çeyrek büyüklüğünde 4 soyulmuş taze zencefil dilimi
- 1 büyük arpacık, ince dilimlenmiş
- 2 diş sarımsak, ince kıyılmış
- 5 büyük domates, her biri 6 kama halinde kesilmiş
- 2 adet taze soğan, beyaz ve yeşil kısımları ayrılmış, ince dilimlenmiş

Talimatlar:

a) Küçük bir kapta sığır eti 1 yemek kaşığı mısır nişastası, pirinç şarabı ve küçük bir tutam tuz ve beyaz biberle karıştırın. 10 dakika kenara koyun.

b) Başka bir küçük kapta kalan ½ yemek kaşığı mısır nişastası, salça, hafif soya, susam yağı, şeker ve suyu karıştırın. Kenara koyun.

c) Bir damla su cızırdayana ve temas halinde buharlaşana kadar bir wok'u orta-yüksek ateşte ısıtın. Bitkisel yağı dökün ve wok tabanını kaplamak için döndürün. Zencefil ve bir tutam tuz ekleyerek yağı baharatlayın. Zencefilin yağda yaklaşık 30 saniye cızırdamasına izin verin, hafifçe döndürün.

d) Sığır eti wok'a aktarın ve artık pembeleşene kadar 3 ila 4 dakika karıştırarak kızartın. Salçayı ve sarımsağı ekleyip 1 dakika karıştırarak kavurun. Domatesleri ve yeşil soğan beyazlarını ekleyin ve karıştırmaya devam edin.

e) Sosu ilave edin ve 1 ila 2 dakika veya sığır eti ve domatesler kaplanana ve sos hafifçe kalınlaşana kadar karıştırarak kızartmaya devam edin.

f) Zencefili atın, bir tabağa aktarın ve yeşil soğanla süsleyin. Sıcak servis yapın.

46. Sığır eti ve Brokoli

İçindekiler:

- $\frac{3}{4}$ pound etek biftek, tahıl boyunca $\frac{1}{4}$ inç kalınlığında dilimler halinde kesin
- 1 yemek kaşığı kabartma tozu
- 1 yemek kaşığı mısır nişastası
- 4 yemek kaşığı su, bölünmüş
- 2 yemek kaşığı istiridye sosu
- 2 yemek kaşığı Shaoxing pirinç şarabı
- 2 çay kaşığı açık kahverengi şeker
- 1 yemek kaşığı hoisin sosu
- 2 yemek kaşığı bitkisel yağ
- Dörtte biri büyüklüğünde 4 soyulmuş taze zencefil dilimi
- koşer tuzu
- 1 kiloluk brokoli, ısırık büyüklüğünde çiçeklere bölünmüş
- 2 diş sarımsak, ince kıyılmış

Talimatlar:

a) Küçük bir kapta, sığır eti ve kabartma tozunu kaplamak için karıştırın. 10 dakika kenara koyun. Sığır eti çok iyi durulayın ve ardından kağıt havlularla kurulayın.

b) Başka bir küçük kapta mısır nişastasını 2 yemek kaşığı suyla karıştırın ve istiridye sosu, pirinç şarabı, esmer şeker ve kuru üzüm sosuyla karıştırın. Kenara koyun.

c) Bir damla su cızırdayana ve temas halinde buharlaşana kadar bir wok'u orta-yüksek ateşte ısıtın. Yağı dökün ve wok tabanını kaplamak için döndürün. Zencefil ve bir tutam tuz ekleyerek yağı baharatlayın. Zencefilin yağda yaklaşık 30 saniye cızırdamasına izin verin, hafifçe döndürün. Sığır eti wok'a ekleyin ve artık pembeleşene kadar 3 ila 4 dakika karıştırarak kızartın. Sığır eti bir kaseye aktarın ve bir kenara koyun.

d) Brokoli ve sarımsağı ekleyip 1 dakika karıştırarak kavurun, ardından kalan 2 yemek kaşığı suyu ekleyin. Wok'u kapatın ve brokoliyi gevrek hale gelene kadar 6 ila 8 dakika buharda pişirin.

e) Sığır eti wok'a geri koyun ve tamamen kaplanana ve sos hafifçe kalınlaşana kadar 2 ila 3 dakika sosu karıştırın. Zencefili atın, bir tabağa aktarın ve sıcak servis yapın.

47.   Karabiber Sığır Kızartması

İçindekiler:

- 1 yemek kaşığı istiridye sosu
- 1 yemek kaşığı Shaoxing pirinç şarabı
- 2 çay kaşığı mısır nişastası
- 2 çay kaşığı hafif soya sosu
- Öğütülmüş beyaz biber
- $\frac{1}{4}$ çay kaşığı şeker
- 1 inçlik parçalar halinde kesilmiş $\frac{3}{4}$ pound dana bonfile uçları veya sığır filetosu uçları
- 3 yemek kaşığı bitkisel yağ
- Her biri çeyrek büyüklüğünde 3 adet soyulmuş taze zencefil dilimi
- koşer tuzu
- 1 yeşil dolmalık biber, $\frac{1}{2}$ inç genişliğinde şeritler halinde kesilmiş
- 1 küçük kırmızı soğan, ince şeritler halinde dilimlenmiş
- 1 çay kaşığı taze çekilmiş karabiber veya tadı daha fazla
- 2 çay kaşığı susam yağı

Talimatlar:

a) Bir karıştırma kabında istiridye sosu, pirinç şarabı, mısır nişastası, hafif soya, bir tutam beyaz biber ve şekeri karıştırın. Sığır eti kaplamak için atın ve 10 dakika marine edin.

b) Bir damla su cızırdayana ve temas halinde buharlaşana kadar bir wok'u orta-yüksek ateşte ısıtın. Bitkisel yağı dökün ve wok tabanını kaplamak için döndürün. Zencefil ve bir tutam tuz ekleyin. Zencefilin yağda yaklaşık 30 saniye cızırdamasına izin verin, hafifçe döndürün.

c) Maşa kullanarak sığır eti wok'a aktarın ve kalan turşuyu atın. 1 ila 2 dakika ya da kahverengi bir kabuk oluşana kadar wok tavada kızartın. Sığır eti çevirin ve diğer tarafta 2 dakika daha kızartın. 1 ila 2 dakika daha wok tavada karıştırarak ve çevirerek kızartın, ardından dana etini temiz bir kaseye aktarın.

d) Dolmalık biber ve soğanı ekleyin ve 2 ila 3 dakika veya sebzeler parlak ve yumuşak görünene kadar karıştırarak kızartın. Sığır eti wok'a geri koyun, karabiber ekleyin ve 1 dakika daha karıştırın.

e) Zencefili atın, bir tabağa aktarın ve üzerine susam yağını gezdirin. Sıcak servis yapın.

48. susamlı sığır eti

İçindekiler:

- 1 yemek kaşığı hafif soya sosu
- 2 yemek kaşığı susam yağı, bölünmüş
- 2 çay kaşığı mısır nişastası, bölünmüş
- $\frac{1}{4}$ inç kalınlığında şeritler halinde kesilmiş 1 kiloluk askı, etek veya yassı demir biftek
- $\frac{1}{2}$ su bardağı taze sıkılmış portakal suyu
- $\frac{1}{2}$ çay kaşığı pirinç sirkesi
- 1 çay kaşığı sriracha (isteğe bağlı)
- 1 çay kaşığı açık kahverengi şeker
- koşer tuzu
- Taze çekilmiş karabiber
- 3 yemek kaşığı bitkisel yağ, bölünmüş
- Her biri çeyrek büyüklüğünde 4 soyulmuş taze zencefil dilimi
- 1 küçük sarı soğan, ince dilimlenmiş
- 3 diş sarımsak, kıyılmış
- $\frac{1}{2}$ yemek kaşığı beyaz susam, süslemek için

Talimatlar:

a) Büyük bir kapta hafif soya, 1 yemek kaşığı susam yağı ve 1 çay kaşığı mısır nişastasını mısır nişastası eriyene kadar karıştırın. Sığır eti ekleyin ve marine edip kaplamak için atın. Sosu hazırlarken 10 dakika marine edin.

b) Bir bardak ölçme kabında, kalan 1 yemek kaşığı susam yağı, pirinç sirkesi, sriracha (kullanılıyorsa), esmer şeker, kalan 1 çay kaşığı mısır nişastası ve bir tutam tuz ve karabiberi karıştırın. Mısır nişastası eriyene kadar karıştırın ve bir kenara koyun.

c) Bir damla su cızırdayana ve temas halinde buharlaşana kadar bir wok'u orta-yüksek ateşte ısıtın. 2 yemek kaşığı bitkisel yağ dökün ve wok tabanını kaplamak için döndürün. Zencefil ve bir tutam tuz ekleyerek yağı baharatlayın. Zencefilin yağda yaklaşık 30 saniye cızırdamasına izin verin, hafifçe döndürün.

d) Maşa kullanarak sığır eti wok'a aktarın ve turşuyu atın. Parçaları 2 ila 3 dakika wok'ta sararsın. 1 ila 2 dakika daha diğer tarafta sararmak için çevirin. 1 dakika daha wok tavada hızlıca çevirerek karıştırarak kızartın. Temiz bir kaba aktarın.

e) Kalan 1 yemek kaşığı bitkisel yağı ekleyin ve soğanı atın. Soğan yarı saydam görünene kadar ancak dokuda hala sağlam olana kadar 2 ila 3 dakika boyunca soğanı bir wok spatula ile fırlatıp çevirerek hızlı bir şekilde kızartın. Sarımsakları ekleyin ve 30 saniye daha karıştırın.

f) Sosu karıştırın ve sos koyulaşmaya başlayana kadar pişirmeye devam edin. Sığır eti ve soğanın sos ile kaplanması için sığır eti wok'a geri koyun, fırlatıp çevirin. Tuz ve karabiberle tatmak için baharatlayın.

g) Bir tabağa aktarın, zencefili atın, susam serpin ve sıcak servis yapın.

49. Moğol Bifteği

İçindekiler:

- 2 yemek kaşığı Shaoxing pirinç şarabı
- 1 yemek kaşığı koyu soya sosu
- 1 yemek kaşığı mısır nişastası, bölünmüş
- ¾ pound yan biftek, tahıllara karşı ¼ inç kalınlığında dilimler halinde kesin
- ¼ fincan düşük sodyumlu tavuk suyu
- 1 yemek kaşığı açık kahverengi şeker
- 1 su bardağı bitkisel yağ
- 4 veya 5 bütün kurutulmuş kırmızı Çin biberi
- 4 diş sarımsak, iri kıyılmış
- 1 çay kaşığı soyulmuş ince kıyılmış taze zencefil
- ½ sarı soğan, ince dilimlenmiş
- 2 yemek kaşığı iri kıyılmış taze kişniş

Talimatlar:

a) Bir karıştırma kabında pirinç şarabı, koyu soya ve 1 yemek kaşığı mısır nişastasını karıştırın. Dilimlenmiş göğüs bifteğini ekleyin ve kaplamak için fırlatın. Kenara koyun ve 10 dakika marine edin.

b) Yağı bir wok'a dökün ve orta-yüksek sıcaklıkta 375 ° F'ye getirin. Bir tahta kaşığın ucunu yağa batırdığınızda yağın doğru sıcaklıkta olduğunu anlayabilirsiniz. Etrafında yağ kabarır ve cızırdamaya başlarsa yağ hazır demektir.

c) Turşuyu rezerve ederek sığır eti marine etinden kaldırın. Sığır eti yağa ekleyin ve altın bir kabuk oluşana kadar 2 ila 3 dakika kızartın. Bir wok kepçe kullanarak eti temiz bir kaba aktarın ve bir kenara koyun. Tavuk suyu ve esmer şekeri marine kasesine ekleyin ve birleştirmek için karıştırın.

d) Wok'tan 1 yemek kaşığı yağ hariç hepsini dökün ve orta-yüksek ısıya ayarlayın. Pul biberi, sarımsağı ve zencefili ekleyin. Aromatiklerin yağda yaklaşık 10 saniye cızırdayarak hafifçe dönmesine izin verin.

e) Soğanı ekleyin ve 1 ila 2 dakika veya soğan yumuşak ve yarı saydam olana kadar karıştırarak kızartın. Tavuk suyu karışımını ekleyin ve birleştirmek için fırlatın. Yaklaşık 2 dakika pişirin, ardından eti ekleyin ve her şeyi 30 saniye daha karıştırın.

f) Bir tabağa aktarın, kişniş ile süsleyin ve sıcak servis yapın.

50. Kereviz ve Havuçlu Sichuan Sığır Eti

İçindekiler:

- 2 yemek kaşığı Shaoxing pirinç şarabı
- 1 yemek kaşığı koyu soya sosu
- 2 çay kaşığı susam yağı
- ¾ pound yan veya etek biftek, damara karşı kesilmiş
- 1 yemek kaşığı hoisin sosu
- 2 çay kaşığı hafif soya sosu
- 2 yemek kaşığı mısır nişastası, bölünmüş
- ¼ çay kaşığı Çin beş baharat tozu
- 1 çay kaşığı Sichuan karabiberi, ezilmiş
- 4 adet soyulmuş taze zencefil dilimi
- 3 diş sarımsak, hafifçe ezilmiş
- 2 kereviz sapı, jülyen ile 3 inçlik şeritler halinde
- 1 büyük havuç, soyulmuş ve 3 inçlik şeritler halinde jülyen doğranmış
- 2 taze soğan, ince dilimlenmiş

Talimatlar:

a) Bir karıştırma kabında pirinç şarabı, koyu soya ve susam yağını karıştırın.

b) Sığır eti ekleyin ve birleştirmek için atın. 10 dakika kenara koyun.

c) Küçük bir kapta kuru üzüm sosu, hafif soya, su, 1 yemek kaşığı mısır nişastası ve beş baharat tozunu birleştirin. Kenara koyun.

d) Bir damla su cızırdayana ve temas halinde buharlaşana kadar bir wok'u orta-yüksek ateşte ısıtın. Bitkisel yağı dökün ve wok tabanını kaplamak için döndürün. Biber, zencefil ve sarımsak ekleyerek yağı baharatlayın. Aromatiklerin yağda yaklaşık 10 saniye cızırdayarak hafifçe dönmesine izin verin.

e) Kalan 1 çorba kaşığı mısır nişastasını kaplamak için sığır eti atın ve wok'a ekleyin. Sığır eti 1 ila 2 dakika ya da altın-kahverengi bir kabuk oluşana kadar wok'un yan tarafında kızartın. Çevirin ve diğer tarafta bir dakika daha sarar. Sığır eti artık pembe olmayana kadar yaklaşık 2 dakika daha fırlatıp çevirin.

f) Sığır eti wok'un kenarlarına doğru hareket ettirin ve kereviz ve havucu ortasına ekleyin. Karıştırın, sebzeler yumuşayana kadar fırlatın ve çevirin, 2 ila 3 dakika daha. Hoisin sosu karışımını karıştırın ve wok'a dökün. Sığır eti ve sebzeleri sosla kaplayarak 1-2 dakika sos koyulaşıp parlak hale gelene kadar karıştırmaya devam edin. Zencefil ve sarımsağı çıkarın ve atın.

51. Hoisin Dana Marul Bardakları

İçindekiler:

- ¾ kilo dana kıyma
- 2 çay kaşığı mısır nişastası
- koşer tuzu
- Taze çekilmiş karabiber
- 3 yemek kaşığı bitkisel yağ, bölünmüş
- 1 yemek kaşığı soyulmuş ince kıyılmış zencefil
- 2 diş sarımsak, ince kıyılmış
- 1 havuç, soyulmuş ve jülyen doğranmış
- 1 (4 ons) su kestanelerini doğranmış, süzülmüş ve durulanmış olabilir
- 2 yemek kaşığı hoisin sosu
- 3 adet taze soğan, beyaz ve yeşil kısımları ayrılmış, ince dilimlenmiş
- 8 geniş buzdağı (veya Bibb) marul yaprağı, düzgün yuvarlak kaplara kesilmiş

Talimatlar:

a) Bir kapta, sığır eti mısır nişastası ve bir tutam tuz ve karabiber serpin. Birleştirmek için iyice karıştırın.

b) Bir su damlası cızırdayana ve temas halinde buharlaşana kadar orta-yüksek sıcaklıkta bir wok ısıtın. 2 yemek kaşığı yağı dökün ve wok tabanını kaplamak için döndürün. Sığır eti ve kahverengiyi her iki tarafa ekleyin, sonra fırlatın ve çevirin, sığır eti artık pembeleşene kadar 3 ila 4 dakika boyunca ufalanmış ve kümeler halinde parçalayın. Sığır eti temiz bir kaseye aktarın ve bir kenara koyun.

c) Wok'u silerek temizleyin ve orta ısıya getirin. Kalan 1 yemek kaşığı yağı ekleyin ve zencefil ve sarımsağı bir tutam tuzla hızlıca karıştırın. Sarımsak kokusu çıkar çıkmaz havuç ve su kestanelerini havuç yumuşayana kadar 2 ila 3 dakika atın. Isıyı orta dereceye düşürün, sığır eti wok'a geri koyun ve kuru üzüm sosu ve yeşil soğan beyazları ile fırlatın. Birleştirmek için fırlatın, yaklaşık 45 saniye daha.

d) Marul yapraklarını her tabağa 2 tane olacak şekilde yayın ve sığır eti karışımını marul yaprakları arasında eşit olarak bölün. Yeşil soğanla süsleyin ve yumuşak bir taco gibi yiyin.

52. Soğanlı Kızarmış Domuz Pirzolası

İçindekiler:

- 4 kemiksiz domuz filetosu
- 1 yemek kaşığı Shaoxing şarabı
- ½ çay kaşığı taze çekilmiş karabiber
- koşer tuzu
- 3 su bardağı bitkisel yağ
- 2 yemek kaşığı mısır nişastası
- Her biri çeyrek büyüklüğünde 3 adet soyulmuş taze zencefil dilimi
- 1 orta boy sarı soğan, ince dilimlenmiş
- 2 diş sarımsak, ince kıyılmış
- 2 yemek kaşığı hafif soya sosu
- 1 çay kaşığı koyu soya sosu
- ½ çay kaşığı kırmızı şarap sirkesi
- Şeker

Talimatlar:

a) Domuz pirzolalarını ½ inç kalınlığa kadar bir et çekiçle dövün. Bir kaseye koyun ve pirinç şarabı, biber ve küçük bir tutam tuzla tatlandırın. 10 dakika marine edin.

b) Yağı wok'a dökün; yağ yaklaşık 1 ila 1½ inç derinliğinde olmalıdır. Yağı orta-yüksek sıcaklıkta 375 °F'ye getirin. Bir tahta kaşığın ucunu yağa batırdığınızda yağın doğru sıcaklıkta olduğunu anlayabilirsiniz. Etrafında yağ kabarır ve cızırdamaya başlarsa yağ hazır demektir.

c) 2 parti halinde çalışarak pirzolaları mısır nişastası ile kaplayın. Yavaşça yağın içine birer birer indirin ve altın rengi olana kadar 5 ila 6 dakika kızartın. Kağıt havlu serili bir tabağa aktarın.

d) Wok'tan 1 yemek kaşığı yağ hariç hepsini dökün ve orta-yüksek ısıya ayarlayın. Zencefil ve bir tutam tuz ekleyerek yağı baharatlayın. Zencefilin yağda yaklaşık 30 saniye cızırdamasına izin verin, hafifçe döndürün.

e) Soğanı yarı saydam ve yumuşak olana kadar yaklaşık 4 dakika karıştırın. Sarımsakları ekleyin ve 30 saniye daha veya kokulu olana kadar karıştırarak kızartın. Domuz pirzolası ile tabağa aktarın.

f) Wok'a açık soya, koyu soya, kırmızı şarap sirkesi ve bir tutam şeker dökün ve birleştirmek için karıştırın. Kaynatın ve soğanı ve domuz pirzolasını wok'a geri koyun. Sos hafifçe kalınlaşmaya başladığında birleştirmek için atın. Zencefili çıkarın ve atın. Bir tabağa aktarın ve hemen servis yapın.

53. Bok Choy ile Beş Baharatlı Domuz Eti

İçindekiler:

- 1 yemek kaşığı hafif soya sosu
- 1 yemek kaşığı Shaoxing pirinç şarabı
- 1 çay kaşığı Çin beş baharat tozu
- 1 çay kaşığı mısır nişastası
- ½ çay kaşığı açık kahverengi şeker
- ¾ pound domuz eti
- 2 yemek kaşığı bitkisel yağ
- 2 diş sarımsak, soyulmuş ve hafifçe ezilmiş
- koşer tuzu
- 2 ila 3 kafa Çin lahanası, ısırık büyüklüğünde parçalar halinde çapraz olarak kesin
- 1 havuç, soyulmuş ve jülyen doğranmış
- Servis için pişmiş pirinç

Talimatlar:

a) Bir karıştırma kabında hafif soya, pirinç şarabı, beş baharat tozu, mısır nişastası ve esmer şekeri karıştırın. Domuz eti ekleyin ve birleştirmek için hafifçe karıştırın. 10 dakika marine olması için kenara alın.

b) Bir damla su cızırdayana ve temas halinde buharlaşana kadar bir wok'u orta-yüksek ateşte ısıtın. Yağı dökün ve wok tabanını kaplamak için döndürün. Sarımsak ve bir tutam tuz ekleyerek yağı baharatlayın. Sarımsakları hafifçe döndürerek yaklaşık 10 saniye yağda cızırdamaya bırakın.

c) Wok'a domuz eti ekleyin ve 1 ila 2 dakika ya da altın bir kabuk oluşana kadar wok'un duvarlarına yaslanmaya bırakın. Diğer tarafı çevirin ve bir dakika daha kızartın. Domuz eti 1 ila 2 dakika daha karıştırarak kızartmak için fırlatın ve çevirin, artık pembeleşene kadar ufalayın ve kümelere ayırın.

d) Çin lahanası ve havuç ekleyin ve domuz eti ile birleştirmek için fırlatın ve çevirin. Havuç ve Çin lahanası yumuşayana kadar 2 ila 3 dakika karıştırarak kızartmaya devam edin. Bir tabağa aktarın ve haşlanmış pirinçle sıcak servis yapın.

54. Hoisin Domuz Kızartması

İçindekiler:

- 2 çay kaşığı Shaoxing pirinç şarabı
- 2 çay kaşığı hafif soya sosu
- $\frac{1}{2}$ çay kaşığı biber salçası
- $\frac{3}{4}$ pound kemiksiz domuz filetosu, julienne şeritler halinde ince dilimlenmiş
- 2 yemek kaşığı bitkisel yağ
- Her biri çeyrek büyüklüğünde 4 soyulmuş taze zencefil dilimi
- koşer tuzu
- 4 ons' kar bezelye, diyagonal üzerinde ince dilimlenmiş
- 2 yemek kaşığı hoisin sosu
- 1 yemek kaşığı su

Talimatlar:

a) Bir kapta pirinç şarabı, hafif soya ve biber salçasını karıştırın. Domuz eti ekleyin ve kaplamak için atın. 10 dakika marine olması için kenara alın.

b) Bir damla su cızırdayana ve temas halinde buharlaşana kadar bir wok'u orta-yüksek ateşte ısıtın. Yağı dökün ve wok tabanını kaplamak için döndürün. Zencefil ve bir tutam tuz ekleyerek yağı baharatlayın. Zencefilin yağda yaklaşık 30 saniye cızırdamasına izin verin, hafifçe döndürün.

c) Domuz eti ekleyin ve marine edin ve artık pembeleşene kadar 2 ila 3 dakika karıştırarak kızartın. Kar bezelye ekleyin ve yumuşayana ve yarı saydam olana kadar yaklaşık 1 dakika karıştırarak kızartın. Sosu gevşetmek için hoisin sosunu ve suyu karıştırın. 30 saniye boyunca veya sos ısınana ve domuz eti ve kar bezelye kaplanana kadar fırlatmaya ve çevirmeye devam edin.

d) Bir tabağa aktarın ve sıcak servis yapın.

55. İki kez Pişmiş Domuz Göbeği

İçindekiler:

- 1 kiloluk kemiksiz domuz göbeği
- ⅓ fincan Siyah Fasulye Sosu veya mağazadan satın alınan siyah fasulye sosu
- 1 yemek kaşığı Shaoxing pirinç şarabı
- 1 çay kaşığı koyu soya sosu
- ½ çay kaşığı şeker
- 2 yemek kaşığı bitkisel yağ, bölünmüş
- 4 adet soyulmuş taze zencefil dilimi
- koşer tuzu
- 1 pırasa, boyuna ikiye bölünmüş ve çapraz olarak kesilmiş
- ½ kırmızı dolmalık biber, dilimlenmiş

Talimatlar:

a) Büyük bir tencereye domuz eti koyun ve suyla kaplayın. Tavayı bir kaynamaya getirin ve ardından bir kaynamaya bırakın. Açıkta 30 dakika veya domuz eti yumuşayıp pişene kadar pişirin. Delikli bir kaşık kullanarak domuz eti bir kaseye aktarın (pişirme sıvısını atın) ve soğumaya bırakın.

b) Birkaç saat veya gece boyunca soğutun. Domuz eti soğuduktan sonra, $\frac{1}{4}$ inç kalınlığında dilimler halinde ince dilimleyin ve bir kenara koyun. Domuzun dilimlemeden önce tamamen soğumasına izin vermek, ince dilimlemeyi kolaylaştıracaktır.

c) Bir bardak ölçü kabında siyah fasulye sosu, pirinç şarabı, koyu soya ve şekeri karıştırın ve bir kenara koyun.

d) Bir damla su cızırdayana ve temas halinde buharlaşana kadar bir wok'u orta-yüksek ateşte ısıtın. 1 çorba kaşığı yağı dökün ve wok tabanını kaplamak için döndürün. Zencefil ve bir tutam tuz ekleyerek yağı baharatlayın. Zencefilin yağda yaklaşık 30 saniye cızırdamasına izin verin, hafifçe döndürün.

e) Gruplar halinde çalışarak, domuzun yarısını wok'a aktarın. Parçaları 2 ila 3 dakika wok'ta sararsın. Domuz eti kıvrılmaya başlayana kadar 1 ila 2 dakika daha diğer tarafı sararmak için çevirin. Temiz bir kaba aktarın. Kalan domuz eti ile tekrarlayın.

f) Kalan 1 yemek kaşığı yağı ekleyin. Pırasa ve kırmızı biberi ekleyin ve pırasa yumuşayana kadar 1 dakika karıştırarak kavurun. Salçayı ekleyip kokusu çıkana kadar kavurun. Domuzu tavaya geri koyun ve her şey pişene kadar 2 ila 3 dakika daha kızartmaya devam edin. Zencefil dilimlerini atın ve servis tabağına alın.

56. Mu Shu Domuz Eti ve Tavada Krep

İçindekiler:

krep için

- 1¾ su bardağı çok amaçlı un
- ¾ su bardağı kaynar su
- koşer tuzu
- 3 yemek kaşığı susam yağı

mu shu domuz eti için

- 2 yemek kaşığı hafif soya sosu
- 1 çay kaşığı mısır nişastası
- 1 çay kaşığı Shaoxing pirinç şarabı
- Öğütülmüş beyaz biber
- ¾ pound kemiksiz domuz filetosu, tanelere karşı dilimlenmiş
- 3 yemek kaşığı bitkisel yağ
- 2 çay kaşığı soyulmuş ince kıyılmış taze zencefil
- 1 büyük havuç, soyulmuş ve 3 inç uzunluğa ince jülyen doğranmış
- Jülyen şeritler halinde dilimlenmiş 6 ila 8 adet taze ahşap kulak mantarı

- ½ küçük baş yeşil lahana, doğranmış
- ½ inç uzunluğunda kesilmiş 2 yeşil soğan
- 1 (4 ons) dilimlenmiş bambu filizleri, süzülmüş ve jülyen doğranmış
- ¼ fincan Erik Sosu, servis için

Talimatlar:

gözleme yapmak için

a) Büyük bir karıştırma kabında tahta bir kaşık kullanarak un, kaynar su ve bir tutam tuzu karıştırın. Hepsini cıvık bir hamur haline gelene kadar yoğurun. Hamuru un serpilmiş bir kesme tahtasına aktarın ve yaklaşık 4 dakika veya pürüzsüz olana kadar elle yoğurun. Hamur sıcak olacaktır, bu nedenle ellerinizi korumak için tek kullanımlık eldivenler giyin. Hamuru kaseye geri koyun ve plastik sargıyla örtün. 30 dakika dinlenmeye bırakın.

b) Hamuru elinizle yuvarlayarak 12 inç uzunluğunda bir kütük haline getirin. Madalyon oluşturmak için yuvarlak şekli koruyarak kütüğü 12 eşit parçaya kesin. Madalyonları avuç içlerinizle düzleştirin ve üstlerine susam yağı sürün. 6 yığın iki kat hamur parçası oluşturmak için yağlanmış tarafları birbirine bastırın.

c) Her yığını 7 ila 8 inç çapında ince, yuvarlak bir tabaka halinde yuvarlayın. Her iki taraf için de eşit bir incelik elde etmek için krepi yuvarlarken çevirmeye devam etmek en iyisidir.

d) Dökme demir bir tavayı orta-yüksek ısıda ısıtın ve krepleri birer birer, ilk tarafı hafifçe yarı saydam hale gelene ve kabarmaya başlayana kadar yaklaşık 1 dakika pişirin. Diğer tarafı pişirmek için çevirin, 30 saniye daha. Pankeki mutfak havlusu serilmiş bir tabağa alın ve iki pankeki dikkatlice ayırın.

mu shu domuz eti yapmak için

e) Bir karıştırma kabında hafif soya, mısır nişastası, pirinç şarabı ve bir tutam beyaz biberi karıştırın. Dilimlenmiş domuz eti ekleyin ve kaplamak için fırlatın ve 10 dakika marine edin.

f) Bir damla su cızırdayana ve temas halinde buharlaşana kadar bir wok'u orta-yüksek ateşte ısıtın. Bitkisel yağı dökün ve wok tabanını kaplamak için döndürün. Zencefil ve bir tutam tuz ekleyerek yağı baharatlayın. Zencefilin yağda yaklaşık 10 saniye cızırdamasına izin verin, hafifçe döndürün.

g) Domuz eti ekleyin ve artık pembeleşene kadar 1-2 dakika karıştırarak kızartın. Havuç ve mantarları ekleyin ve 2 dakika daha veya havuç yumuşayana kadar karıştırarak kızartmaya devam edin. Lahana, yeşil soğan ve bambu filizlerini ekleyin ve bir dakika daha veya iyice ısınana kadar karıştırarak kızartın. Bir kaseye aktarın ve domuz dolgusunu bir gözleme ortasına kaşıkla ve erik sosuyla süsleyerek servis yapın.

57.   Siyah Fasulye Soslu Domuz Kaburga

İçindekiler:

- 1 kiloluk domuz kaburga, $1\frac{1}{2}$ inç genişliğinde şeritler halinde çapraz olarak kesilmiş
- $\frac{1}{4}$ çay kaşığı öğütülmüş beyaz biber
- 2 yemek kaşığı Siyah Fasulye Sosu veya mağazadan satın alınan siyah fasulye sosu
- 1 yemek kaşığı Shaoxing pirinç şarabı
- 1 yemek kaşığı bitkisel yağ
- 2 çay kaşığı mısır nişastası
- $\frac{1}{2}$ inç taze zencefil parçası, soyulmuş ve ince kıyılmış
- 2 diş sarımsak, ince kıyılmış
- 1 çay kaşığı susam yağı
- 2 taze soğan, ince dilimlenmiş

Talimatlar:

a) Onları ısırık büyüklüğünde kaburgalara ayırmak için kaburgalar arasında dilimleyin. Sığ, ısıya dayanıklı bir kapta, kaburgaları ve beyaz biberi birleştirin. Siyah fasulye sosu, pirinç şarabı, bitkisel yağ, mısır nişastası, zencefil ve sarımsağı ekleyin ve birleştirmek için fırlatın, pirzolaların hepsinin kaplandığından emin olun. 10 dakika marine edin.

b) Bambu vapur sepetini ve kapağını soğuk su altında durulayın ve wok'a yerleştirin. 2 inç veya buharlı pişiricinin alt kenarının yaklaşık ¼ ila ½ inç üzerine gelene kadar, ancak sepetin dibine değmeyecek kadar fazla su dökün. Kaburgaları olan kaseyi buharlı pişirici sepetine yerleştirin ve kapatın.

c) Suyu kaynatmak için ısıyı yüksek seviyeye getirin, ardından ısıyı orta-yüksek seviyeye indirin. Orta-yüksek ısıda 20 ila 22 dakika veya kaburgalar artık pembe olmayana kadar buharlayın. Suyu tekrar doldurmanız gerekebilir, bu nedenle wok'ta kuru kaynamadığından emin olmak için kontrol etmeye devam edin.

d) Kaseyi buharlı pişirici sepetinden dikkatlice çıkarın. Kaburgaları susam yağıyla gezdirin ve yeşil soğanlarla süsleyin. Hemen servis yapın.

58. Tavada Kızarmış Moğol Kuzu

İçindekiler:

- 2 yemek kaşığı Shaoxing pirinç şarabı
- 1 yemek kaşığı koyu soya sosu
- 3 diş sarımsak, kıyılmış
- 2 çay kaşığı mısır nişastası
- 1 çay kaşığı susam yağı
- Yarım kiloluk kemiksiz kuzu budu, $\frac{1}{4}$ inç kalınlığında dilimler halinde kesilmiş
- 3 yemek kaşığı bitkisel yağ, bölünmüş
- Her biri çeyrek büyüklüğünde 4 soyulmuş taze zencefil dilimi
- 2 bütün kuru kırmızı biber (isteğe bağlı)
- koşer tuzu
- 4 yeşil soğan, 3 inç uzunluğunda parçalar halinde kesilir, daha sonra ince uzunlamasına dilimlenir

Talimatlar:

a) Büyük bir kapta pirinç şarabı, koyu soya, sarımsak, mısır nişastası ve susam yağını karıştırın. Kuzuyu marine ete ekleyin ve kaplamak için atın. 10 dakika marine edin.

b) Bir damla su cızırdayana ve temas halinde buharlaşana kadar bir wok'u orta-yüksek ateşte ısıtın. 2 yemek kaşığı bitkisel yağ dökün ve wok tabanını kaplamak için döndürün. Zencefil, biber (kullanılıyorsa) ve bir tutam tuz ekleyerek yağı baharatlayın. Aromatiklerin yağda yaklaşık 30 saniye cızırdayarak hafifçe dönmesine izin verin.

c) Maşa kullanarak kuzunun yarısını marine etinden kaldırın, fazlalığın damlamasını sağlamak için hafifçe sallayın. Marinayı rezerve edin. Wok'ta 2 ila 3 dakika kızartın. 1 ila 2 dakika daha diğer tarafta sararmak için çevirin. 1 dakika daha wok tavada hızlıca çevirerek karıştırarak kızartın. Temiz bir kaba aktarın. Kalan 1 yemek kaşığı bitkisel yağı ekleyin ve kalan kuzu eti ile tekrarlayın.

d) Tüm kuzu eti ve ayrılmış turşuyu wok'a geri koyun ve yeşil soğanları atın. 1 dakika daha karıştırarak veya kuzu eti pişene ve marine sos parlak bir sos haline gelene kadar kızartın.

e) Servis tabağına alın, zencefili atın ve sıcak servis yapın.

59. Kimyonlu Baharatlı Kuzu

İçindekiler:

- 1 inçlik parçalar halinde kesilmiş ¾ pound kemiksiz kuzu budu
- 1 yemek kaşığı hafif soya sosu
- 1 yemek kaşığı Shaoxing pirinç şarabı
- koşer tuzu
- 2 yemek kaşığı öğütülmüş kimyon
- 1 çay kaşığı Sichuan karabiberi, ezilmiş
- ½ çay kaşığı şeker
- 3 yemek kaşığı bitkisel yağ, bölünmüş
- Her biri çeyrek büyüklüğünde 4 soyulmuş taze zencefil dilimi
- 2 yemek kaşığı mısır nişastası
- ½ sarı soğan, uzunlamasına şeritler halinde dilimlenmiş
- 6 ila 8 bütün kurutulmuş Çin biberi (isteğe bağlı)
- 4 diş sarımsak, ince dilimlenmiş
- ½ demet taze kişniş, iri kıyılmış

Talimatlar:

a) Bir karıştırma kabında kuzu eti, hafif soya, pirinç şarabı ve küçük bir tutam tuzu birleştirin. 15 dakika veya gece boyunca buzdolabında kaplamak ve marine etmek için atın.

b) Başka bir kapta kimyon, Sichuan karabiberi ve şekeri karıştırın. Kenara koyun.

c) Bir damla su cızırdayana ve temas halinde buharlaşana kadar bir wok'u orta-yüksek ateşte ısıtın. 2 yemek kaşığı yağı dökün ve wok tabanını kaplamak için döndürün. Zencefil ve bir tutam tuz ekleyerek yağı baharatlayın. Zencefilin yağda yaklaşık 30 saniye cızırdamasına izin verin, hafifçe döndürün.

d) Kuzu parçalarını mısır nişastasıyla karıştırın ve sıcak wok'a ekleyin. Kuzu her iki tarafta 2-3 dakika kızartın ve ardından 1 veya 2 dakika daha karıştırarak wok'un etrafını çevirerek kızartın. Kuzuyu temiz bir kaba aktarın ve bir kenara koyun.

e) Kalan 1 çorba kaşığı yağı ekleyin ve wok'u kaplamak için girdap yapın. Soğanı ve acı biberi (kullanıyorsanız) atın ve 3 ila 4 dakika ya da soğan parlak görünmeye başlayıncaya kadar topallamayana kadar karıştırarak kızartın. Küçük bir tutam tuz ile hafifçe baharatlayın. Sarımsak ve baharat karışımını atın ve bir dakika daha karıştırarak kızartmaya devam edin.

f) Kuzuyu wok'a geri koyun ve 1 ila 2 dakika daha birleştirmek için fırlatın. Bir tabağa aktarın, zencefili atın ve kişniş ile süsleyin.

60. Zencefilli Pırasalı Kuzu

İçindekiler:

- ¾ kiloluk kemiksiz kuzu budu, 3 parçaya bölünmüş, daha sonra dane boyunca ince dilimlenmiş
- koşer tuzu
- 2 yemek kaşığı Shaoxing pirinç şarabı
- 1 yemek kaşığı koyu soya sosu
- 1 yemek kaşığı hafif soya sosu
- 1 çay kaşığı istiridye sosu
- 1 çay kaşığı bal
- 1 ila 2 çay kaşığı susam yağı
- ½ çay kaşığı öğütülmüş Sichuan biberi
- 2 çay kaşığı mısır nişastası
- 2 yemek kaşığı bitkisel yağ
- 1 yemek kaşığı soyulmuş ve ince kıyılmış taze zencefil
- 2 pırasa, ayıklanmış ve ince dilimlenmiş
- 4 diş sarımsak, ince kıyılmış

Talimatlar:

a) Bir karıştırma kabında kuzuyu 1-2 tutam tuzla hafifçe baharatlayın. Kaplamak için atın ve 10 dakika bir kenara koyun. Küçük bir kapta pirinç şarabı, koyu soya, hafif soya, istiridye sosu, bal, susam yağı, Sichuan biberi ve mısır nişastasını karıştırın. Kenara koyun.

b) Bir damla su cızırdayana ve temas halinde buharlaşana kadar bir wok'u orta-yüksek ateşte ısıtın. Bitkisel yağı dökün ve wok tabanını kaplamak için döndürün. Zencefil ve bir tutam tuz ekleyerek yağı baharatlayın. Zencefilin yağda yaklaşık 10 saniye cızırdamasına izin verin, hafifçe döndürün.

c) Kuzu eti ekleyin ve 1 ila 2 dakika kavurun, ardından 2 dakika daha veya artık pembeleşene kadar karıştırarak kızartmaya başlayın. Temiz bir kaba aktarın ve bir kenara koyun.

d) Pırasaları ve sarımsağı ekleyin ve 1-2 dakika veya pırasalar parlak yeşil ve yumuşak olana kadar karıştırarak kızartın. Kuzu kasesine aktarın.

e) Sos karışımını dökün ve sos yarı yarıya azalıp parlak hale gelene kadar 3 ila 4 dakika pişirin. Kuzu ve sebzeleri wok'a geri koyun ve sos ile birleştirmek için fırlatın.

f) Bir tabağa aktarın ve sıcak servis yapın.

61. Tay fesleğen sığır eti

İçindekiler:

- 2 yemek kaşığı sıvı yağ
- 12 oz. sığır eti, tahıllara karşı ince dilimlenmiş
- 5 diş sarımsak, doğranmış
- $\frac{1}{2}$ kırmızı dolmalık biber, ince dilimlenmiş
- 1 küçük soğan, ince dilimlenmiş
- 2 çay kaşığı soya sosu
- 1 çay kaşığı koyu soya sosu
- 1 çay kaşığı istiridye sosu
- 1 yemek kaşığı balık sosu
- $\frac{1}{2}$ çay kaşığı şeker
- 1 su bardağı Tay fesleğen yaprağı, paketlenmiş
- Salantro, süslemek için

Talimatlar:

a) Wok'unuzu yüksek ateşte ısıtın ve yağı ekleyin. Sığır eti sadece kızarana kadar kızartın. Wok'tan çıkarın ve bir kenara koyun.
b) Wok'a sarımsak ve kırmızı biber ekleyin ve yaklaşık 20 saniye karıştırarak kızartın.
c) Soğanları ekleyin ve kızarana ve hafifçe karamelize olana kadar karıştırın.
d) Sığır eti soya sosu, koyu soya sosu, istiridye sosu, balık sosu ve şekerle birlikte geri atın.
e) Birkaç saniye daha karıştırın ve ardından solgunlaşana kadar Tay fesleğenini katlayın.
f) Yasemin pirinci ile servis yapın ve kişniş ile süsleyin.

62.Çin barbekü domuz eti

SERVİS 8

İçindekiler:

- 3 pound (1,4 kg) domuz omzu/domuz kıçı (üzerinde biraz iyi yağ bulunan bir kesim seçin)
- ¼ su bardağı (50 gr) şeker
- 2 çay kaşığı tuz
- ½ çay kaşığı beş baharat tozu
- ¼ çay kaşığı beyaz biber
- ½ çay kaşığı susam yağı
- 1 yemek kaşığı Shaoxing şarabı veya
- Çin erik şarabı
- 1 yemek kaşığı soya sosu
- 1 yemek kaşığı hoisin sosu
- 2 çay kaşığı pekmez
- 3 diş ince kıyılmış sarımsak
- 2 yemek kaşığı maltoz veya bal
- 1 yemek kaşığı sıcak su

Talimatlar:

a) Domuz eti yaklaşık 3 inç kalınlığında uzun şeritler veya parçalar halinde kesin. Fazla yağları kesmeyin, çünkü bunlar dökülecek ve lezzet katacaktır.
b) Marine etmek için şeker, tuz, beş baharat tozu, beyaz biber, susam yağı, şarap, soya sosu, kuru üzüm sosu, melas, gıda boyası (kullanılıyorsa) ve sarımsağı bir kapta birleştirin.
c) Yaklaşık 2 yemek kaşığı marine sosu ayırın ve bir kenara koyun. Büyük bir kapta veya fırın tepsisinde domuz eti turşunun geri kalanıyla ovalayın. Örtün ve gece boyunca veya en az 8 saat soğutun. Ayrılmış marineyi de buzdolabında saklayın ve saklayın.
d) Fırının üst üçte birlik kısmına yerleştirilmiş bir rafla fırınınızı en yüksek ayara (475-550 F veya 250-290 derece C) önceden ısıtın. Bir sac tepsiyi folyo ile hizalayın ve üstüne metal bir raf yerleştirin. Domuz eti, parçalar arasında mümkün olduğunca fazla boşluk bırakarak rafa yerleştirin. Rafın altındaki tavaya 1 ½ su bardağı su dökün. Bu, herhangi bir damlamanın yanmasını veya sigara içmesini önler.
e) Domuz eti önceden ısıtılmış fırına aktarın ve 25 dakika kızartın. 25 dakika sonra domuz eti çevirin. Tencerenin dibi kuruysa, bir bardak daha su ekleyin. Eşit kızartma sağlamak için tavayı 180 derece çevirin. 15 dakika daha kızartın.
f) Bu arada, ayrılmış turşuyu maltoz veya bal ve 1 yemek kaşığı sıcak su ile birleştirin. Bu, domuz eti kızartmak için kullanacağınız sos olacak.
g) 40 dakikalık toplam kavurma süresinden sonra, domuz eti kızartın, çevirin ve diğer tarafını da kızartın. Son 10 dakika kızartın.

h) 50 dakikalık toplam kavurma süresinden sonra, domuz eti pişmeli ve üzeri karamelize edilmelidir. İstediğiniz gibi karamelize olmadıysa, dışını çıtır çıtır çıtır çıtır çıtır çıtır çıtır çıtır çıtır çıtır çıtır çıtır çıtır çıtır çıtır çıtır çıtır çıtır çıtırıtını birkaç dakika çalıştırabilirsiniz.

63.   Buğulanmış Barbekü domuz çörekler

10 ÇÖREK YAPAR

İçindekiler:

Buğulanmış çörek hamuru için:

- 1 çay kaşığı aktif kuru maya
- ¾ su bardağı ılık su
- 2 fincan çok amaçlı un
- 1 su bardağı mısır nişastası
- 5 yemek kaşığı şeker
- ¼ fincan kanola veya bitkisel yağ
- 2½ çay kaşığı kabartma tozu

Dolgu için:

- 1 yemek kaşığı yağ
- ⅓ bir su bardağı ince kıyılmış arpacık soğanı veya kırmızı soğan
- 1 yemek kaşığı şeker
- 1 yemek kaşığı hafif soya sosu
- 1½ yemek kaşığı istiridye sosu
- 2 çay kaşığı susam yağı
- 2 çay kaşığı koyu soya sosu
- ½ su bardağı tavuk suyu
- 2 yemek kaşığı çok amaçlı un

- 1½ bardak doğranmış Çin domuz rostosu

Talimatlar:

a) Bir hamur kancası eki olan bir elektrikli karıştırıcının kasesinde (normal bir karıştırma kabı kullanabilir ve elle yoğurabilirsiniz), 1 çay kaşığı aktif kuru mayayı 3/4 bardak ılık suda eritin. Un ve mısır nişastasını birlikte eleyin ve şeker ve yağ ile birlikte maya karışımına ekleyin.

b) Karıştırıcıyı en düşük ayara getirin ve pürüzsüz bir hamur topu oluşana kadar bırakın. Üzerine nemli bir bez örtüp 2 saat dinlendirin. (Kabartma tozunu daha sonra ekleyeceksiniz!)

c) Hamur dinlenirken et dolgusunu yapın. Orta yüksek ısıda bir wok içinde 1 yemek kaşığı yağı ısıtın. Arpacıkları/soğanları ekleyin ve 1 dakika karıştırarak kızartın. Isıyı orta-düşük seviyeye çevirin ve şeker, hafif soya sosu, istiridye sosu, susam yağı ve koyu soya sosu ekleyin. Karıştırın ve karışım kabarmaya başlayana kadar pişirin. Tavuk suyunu ve unu ekleyin, koyulaşana kadar 3 dakika pişirin. Ateşten alın ve kızarmış domuz eti karıştırın. Soğuması için kenara alın. Doldurmayı önceden yaparsanız, kurumasını önlemek için örtün ve soğutun.

d) Hamurunuz 2 saat dinlendirdikten sonra kabartma tozunu hamura ekleyin ve mikseri en düşük ayara getirin. Bu noktada hamur kuru görünüyorsa veya kabartma tozunu eklemekte zorlanıyorsanız 1-2 çay kaşığı su ekleyin. Hamuru tekrar pürüzsüz hale gelene kadar yavaşça yoğurun. Nemli bir bezle örtüp 15 dakika daha dinlendirin. Bu arada, büyük bir parşömen parçası alın ve on adet 4x4 inç kareye kesin. Suyu kaynatarak buharlı pişiricinizi hazırlayın.

e) Şimdi çörekleri birleştirmeye hazırız: hamuru uzun bir tüpe yuvarlayın ve 10 eşit parçaya bölün. Her bir hamur parçasını yaklaşık $4\frac{1}{2}$ inç çapında bir diske bastırın (ortada daha kalın ve kenarlarda daha ince olmalıdır). Biraz dolgu ekleyin ve üstleri kapanana kadar çörekleri katlayın.

f) Her çöreği bir parşömen kağıdına yerleştirin ve buharlayın. Bambu buğulaması kullanarak çörekleri iki ayrı partide buğuladım.

g) Su kaynadığında, çörekleri buharlı pişiriciye koyun ve her partiyi 12 dakika yüksek ateşte buharlayın.

64. Kanton rosto domuz göbeği

6-8 SERVİS

İçindekiler:

- 3 libre domuz göbeği, derisi üzerinde
- 2 çay kaşığı Shaoxing şarabı
- 2 çay kaşığı tuz
- 1 çay kaşığı şeker
- ½ çay kaşığı beş baharat tozu
- ¼ çay kaşığı beyaz biber
- 1½ çay kaşığı pirinç şarabı sirkesi
- ½ su bardağı kaba deniz tuzu

Talimatlar:

a) Domuz karnını durulayın ve kurulayın. Derili tarafı aşağı gelecek şekilde bir tepsiye koyun ve Shaoxing şarabını etin içine (derisine değil) sürün. Tuz, şeker karıştırın,
b) beş baharat tozu ve beyaz biber. Bu baharat karışımını da ete iyice yedirin. Eti derisi yukarı gelecek şekilde çevirin.
c) Yani, bir sonraki adımı yapmak için, aslında restoranların kullandığı özel bir alet var, ama biz sadece keskin bir metal şiş kullandık. Cildin her tarafında sistematik olarak delikler açarak cildin pürüzsüz ve kösele kalması yerine gevrekleşmesine yardımcı olur. Ne kadar çok delik varsa o kadar iyidir. Ayrıca yeterince derine indiklerinden emin olun. Altındaki yağ tabakasının hemen üzerinde durun.
d) Domuz göbeğinin buzdolabında 12-24 saat boyunca açıkta kurumasını bekleyin.
e) Fırını önceden 375 derece F'ye ısıtın. Büyük bir parça alüminyum folyoyu (ağır hizmet tipi folyo en iyi şekilde çalışır) bir fırın tepsisine yerleştirin ve domuzun kenarlarını sıkıca katlayın, böylece çevresinde bir tür kutu oluşturmuş olursunuz. , kenarlarda 1 inç yüksekliğinde bir kenarlık olacak şekilde.
f) Domuz derisinin üzerine pirinç sirkesi sürün. Domuz eti tamamen kaplanacak şekilde deniz tuzunu cildin üzerine eşit bir tabaka halinde koyun. Fırına koyun ve 1 saat 30 dakika kızartın. Domuz göbeğinizde hala kaburga varsa, 1 saat 45 dakika kızartın.
g) Domuz eti fırından çıkarın, broiler'i alçaltın ve fırın rafını en alt konuma getirin. Domuz göbeğinden deniz tuzu üst tabakasını çıkarın, folyoyu açın ve tavaya bir kızartma rafı

yerleştirin. Domuz karnını rafa koyun ve gevrekleşmesi için piliç altına geri koyun. Bu 10-15 dakika sürmelidir. Bu işlemin kademeli olarak gerçekleşmesi için piliç ideal olarak "düşük" konumda olmalıdır. Piliçiniz oldukça ısınırsa, gözünüz üzerinde olsun ve domuz eti ısı kaynağından mümkün olduğunca uzak tuttuğunuzdan emin olun.

h) Kabuğu kabarıp gevrekleşince fırından çıkarın. Yaklaşık 15 dakika dinlenmeye bırakın. Dilimleyin ve servis yapın!

ÇORBALAR, PİRİNÇ VE ERİŞTE

65. Hindistan cevizli körili şehriye çorbası

İçindekiler:
- 2 yemek kaşığı sıvı yağ
- 3 diş sarımsak, doğranmış
- 1 yemek kaşığı taze zencefil, rendelenmiş
- 3 yemek kaşığı Tay kırmızı köri ezmesi
- 8 oz. kemiksiz tavuk göğsü veya but, dilimlenmiş
- 4 su bardağı tavuk suyu
- 1 su bardağı su
- 2 yemek kaşığı balık sosu
- ⅔ fincan hindistan cevizi sütü
- 6 oz. kuru pirinç erişte erişte
- 1 limon, suyu sıkılmış

Talimatlar:
a) Dilimlenmiş kırmızı soğan, kırmızı biber, kişniş, süslemek için taze soğan
b) Orta ateşte büyük bir tencerede yağ, sarımsak, zencefil ve Tay kırmızı köri ezmesini ekleyin. Kokulu olana kadar 5 dakika kızartın.
c) Tavuğu ekleyin ve tavuk opaklaşana kadar birkaç dakika pişirin.
d) Tavuk suyu, su, balık sosu ve hindistancevizi sütünü ekleyin. Kaynamaya getirin.
e) Bu noktada et suyunun tuzunu tadın ve baharatını ona göre ayarlayın.
f) Servis kaselerinize aldığınız kuru erişteleri üzerine kaynayan çorbayı dökün, limon suyu ve garnitürlerinizi ekleyip servis yapın. Erişte birkaç dakika içinde yemeye hazır olacak.

66. Baharatlı dana şehriye çorbası

İçindekiler:
- 16 su bardağı soğuk su
- 6 dilim zencefil
- 3 adet taze soğan, yıkanmış ve ortadan ikiye kesilmiş
- $\frac{1}{4}$ fincan Shaoxing şarabı
- 3 kilo sığır eti aynası, $1\frac{1}{2}$ inçlik parçalar halinde kesilmiş
- 3 yemek kaşığı sıvı yağ
- 1 ila 2 yemek kaşığı Sichuan karabiberi
- 2 baş sarımsak, soyulmuş
- 1 büyük soğan, parçalar halinde kesilmiş
- 5 yıldızlı anason
- 4 defne yaprağı
- $\frac{1}{4}$ fincan baharatlı fasulye ezmesi
- 1 büyük domates, küçük parçalar halinde kesilmiş
- $\frac{1}{2}$ fincan hafif soya sosu
- 1 yemek kaşığı şeker
- 1 büyük parça kuru mandalina kabuğu
- Seçtiğiniz taze veya kuru buğday eriştesi
- Süslemek için doğranmış taze soğan ve kişniş

Talimatlar:

a) Yağı başka bir tencerede veya büyük bir wokta orta düşük ısıda ısıtın ve Sichuan karabiberlerini, sarımsak karanfillerini, soğanı, yıldız anasonunu ve defne yapraklarını ekleyin. Sarımsak ve soğan parçaları yumuşayana kadar pişirin (yaklaşık 5 - 10 dakika). Baharatlı fasulye ezmesini karıştırın.

b) Ardından domatesleri ekleyin ve iki dakika pişirin. Son olarak, hafif soya sosu ve şekeri karıştırın. Isıyı kapatın.

c) Şimdi 1. tencereden dana eti, zencefil ve yeşil soğanı alıp 2. tencereye aktaralım. Daha sonra ince gözenekli bir süzgeçten geçirerek harcı dökün. Tencereyi yüksek ateşe koyun ve mandalina kabuğunu ekleyin. Çorbayı örtün ve kaynatın. Hemen altını kısın ve 60-90 dakika pişirin.

d) Kaynattıktan sonra, ısıyı kapatın, ancak kapağı açık tutun ve tatların birbirine karışmasını sağlamak için tencereyi ocakta (ısı kapalıyken) bir saat daha bekletin. Çorba tabanınız hazır. Servis yapmadan önce çorba tabanını tekrar kaynatmayı unutmayın.

67.Yumurtalı çorba

İçindekiler:
- 4 su bardağı organik tavuk suyu veya ev yapımı tavuk suyu
- $\frac{1}{2}$ çay kaşığı susam yağı
- $\frac{1}{2}$ çay kaşığı tuz
- bir tutam şeker
- Bir tutam beyaz biber
- 5 damla sarı gıda boyası
- $\frac{1}{2}$ su bardağı su ile karıştırılmış $\frac{1}{4}$ su bardağı mısır nişastası
- 3 yumurta, hafifçe dövülmüş
- 1 yeşil soğan, doğranmış

Talimatlar:
a) Orta boy bir çorba tenceresinde tavuk suyunu kaynamaya bırakın. Susam yağı, tuz, şeker ve beyaz biberi karıştırın.
b) Ardından mısır nişastası bulamacını ekleyin
c) Çorbayı birkaç dakika kaynatın, ardından kıvamın beğeninize göre olup olmadığını kontrol edin.
d) Çorbayı bir kaseye koyun, üzerine doğranmış yeşil soğanları koyun, üzerine biraz susam yağı gezdirin ve servis yapın!

68. Basit wonton çorbası

İçindekiler:
- 10 oz. baby bok choy veya benzeri yeşil sebze
- 1 su bardağı domuz eti
- $2\frac{1}{2}$ yemek kaşığı susam yağı
- Bir tutam beyaz biber
- 1 yemek kaşığı terbiyeli soya sosu
- $\frac{1}{2}$ çay kaşığı tuz
- 1 yemek kaşığı Shaoxing şarabı
- 1 paket wonton derileri
- 6 su bardağı iyi tavuk suyu
- 1 yemek kaşığı susam yağı
- Tatmak için beyaz biber ve tuz
- 1 yeşil soğan, doğranmış

Talimatlar:

a) Sebzeleri iyice yıkayarak başlayın. Büyük bir tencerede suyu kaynatın ve sebzeleri sadece soluncaya kadar haşlayın. Soğuk suda süzün ve durulayın. İyi bir sebze öbeği alın ve olabildiğince fazla suyu dikkatlice sıkın. Sebzeleri çok ince doğrayın (mutfak robotuna atarak da işlemi hızlandırabilirsiniz).

b) Orta boy bir kapta ince doğranmış sebzeleri, öğütülmüş domuz eti, susam yağı, beyaz biber, soya sosu, tuz ve Shaoxing şarabını ekleyin. Karışım tamamen emülsifiye olana kadar - neredeyse bir macun gibi - iyice karıştırın.

c) Şimdi toplanma zamanı! Küçük bir kaseyi suyla doldurun. Bir ambalaj kağıdı alın ve sargının kenarlarını nemlendirmek için parmağınızı kullanın. Ortasına bir çay bardağından biraz fazla iç harcı ekleyin. Sargıyı ikiye katlayın ve sağlam bir mühür elde etmek için iki tarafı birbirine bastırın.

d) Az önce yaptığınız küçük dikdörtgenin alt iki köşesini tutun ve iki köşeyi bir araya getirin. Yapıştığından emin olmak için biraz su kullanabilirsiniz. Ve bu kadar! Tüm dolgu bitene kadar birleştirmeye devam edin. Hamurları yapışmaması için yağlı kağıt serilmiş fırın tepsisine veya tepsiye dizin.

e) Bu noktada, mantıları streç filmle kaplayabilir, fırın tepsisini/tabaklarını dondurucuya koyabilir ve dondurulduktan sonra Ziploc torbalarına aktarabilirsiniz. Dondurucuda birkaç ay kalacaklar ve istediğiniz zaman wonton çorbasına hazır olacaklar.

f) Çorbayı yapmak için tavuk suyunuzu kaynatın ve susam yağı, beyaz biber ve tuz ekleyin.

g) Ayrı bir tencereye su koyup kaynatın. Wontonları dikkatlice tencereye ekleyin. Köftelerin dibe yapışmasını önlemek için karıştırın. Yapışırlarsa endişelenmeyin, pişirildikten sonra serbest kalırlar. Yüzdüklerinde biterler. Onları fazla pişirmemeye dikkat edin.

h) Delikli kepçe ile mantıları alıp kaselere koyun. Çorbayı wontonların üzerine dökün ve doğranmış yeşil soğanlarla süsleyin. Servis!

69. yumurtalı çorba

İçindekiler:
- 4 su bardağı düşük sodyumlu tavuk suyu
- 2 adet soyulmuş taze zencefil dilimi
- 2 diş sarımsak, soyulmuş
- 2 çay kaşığı hafif soya sosu
- 2 yemek kaşığı mısır nişastası
- 3 yemek kaşığı su
- 2 büyük yumurta, hafifçe dövülmüş
- 1 çay kaşığı susam yağı
- 2 adet taze soğan, garnitür için ince dilimlenmiş

Talimatlar:

a) Bir wok veya çorba tenceresinde et suyu, zencefil, sarımsak ve hafif soyayı birleştirin ve kaynatın. Bir kaynamaya azaltın ve 5 dakika pişirin. Zencefil ve sarımsağı çıkarın ve atın.

b) Küçük bir kapta mısır nişastasını ve suyu karıştırın ve karışımı wok'a karıştırın.

c) Bir kaynamaya kadar ısıyı azaltın. Çırpılmış yumurtalara bir çatal batırın ve sonra çorbaya doğru sürükleyin, giderken hafifçe karıştırın. Yumurtaları ayarlamak için çorbayı birkaç dakika rahatsız etmeden pişirin. Susam yağını karıştırın ve çorbayı servis kaselerine alın. Sarımsaklarla süsleyin

70.Yumurta kızarmış pilav

İçindekiler:
- 5 su bardağı pişmiş pirinç
- 5 büyük yumurta (bölünmüş)
- 2 yemek kaşığı su
- ¼ çay kaşığı kırmızı biber
- ¼ çay kaşığı zerdeçal
- 3 yemek kaşığı sıvı yağ (bölünmüş)
- 1 orta boy soğan, ince doğranmış
- ½ kırmızı dolmalık biber, ince doğranmış
- ½ su bardağı dondurulmuş bezelye, çözülmüş
- 1½ çay kaşığı tuz
- ¼ çay kaşığı şeker
- ¼ çay kaşığı karabiber
- 2 taze soğan, doğranmış

Talimatlar:

a) Pirinci kabartmak ve parçalamak için bir çatal kullanın. Taze pişmiş pirinç kullanıyorsanız, kabartmadan önce buharı durana kadar tezgahın üzerinde açık bırakın.

b) 3 yumurtayı bir kapta çırpın. Diğer 2 yumurtayı 2 yemek kaşığı su, kırmızı biber ve zerdeçal ile birlikte başka bir kapta çırpın. Bu iki kaseyi bir kenara koyun.

c) Orta yüksek ısıda bir wok ısıtın ve 2 yemek kaşığı yağ ekleyin. 3 çırpılmış yumurtayı (baharatsız) ekleyin ve karıştırın. Onları woktan çıkarın ve bir kenara koyun.

d) Isı yüksek ateşte wok ve son yemek kaşığı yağı ekleyin. Doğranmış soğanı ve dolmalık biberi ekleyin. 1-2 dakika karıştırarak kavurun. Ardından, pirinci ekleyin ve pirinci eşit şekilde ısıtmak için kepçe hareketiyle 2 dakika karıştırarak kızartın. Pirinç topaklarını düzleştirmek ve parçalamak için wok spatulanızı kullanın.

e) Daha sonra kalan pişmemiş yumurta ve baharat karışımını pirincin üzerine dökün ve tüm pirinç taneleri yumurtayla kaplanana kadar yaklaşık 1 dakika karıştırarak kızartın.

f) Bezelyeleri ekleyin ve sürekli karıştırarak bir dakika daha kızartın. Ardından tuzu, şekeri ve karabiberi pilavın üzerine yayın ve karıştırın. Şimdi pirinçten biraz buhar çıktığını görmelisiniz, bu da ısıtıldığı anlamına gelir.

71. Klasik domuz kızarmış pilav

İçindekiler:
- 1 yemek kaşığı sıcak su
- 1 çay kaşığı bal
- 1 çay kaşığı susam yağı
- 1 çay kaşığı Shaoxing şarabı
- 1 yemek kaşığı soya sosu
- 1 çay kaşığı koyu soya sosu
- $\frac{1}{4}$ çay kaşığı beyaz biber
- 5 su bardağı pişmiş beyaz pirinç
- 1 yemek kaşığı yağ
- 1 orta boy soğan, doğranmış
- 1 pound Çin Barbekü domuz eti, parçalar halinde kesilmiş
- 2 yumurta, çırpılmış
- $\frac{1}{2}$ su bardağı maş fasulyesi filizi
- 2 taze soğan, doğranmış

Talimatlar:
a) Sıcak su, bal, susam yağı, Shaoxing şarabı, soya sosu, koyu soya sosu ve beyaz biberi küçük bir kapta karıştırarak başlayın.
b) Pişmiş pirinci alın ve çatalla veya elinizle kabartın.
c) Orta ateşte wok ile bir çorba kaşığı yağ ekleyin ve soğanları yarı saydam olana kadar soteleyin. Kızarmış domuz eti karıştırın. Pirinç ekleyin ve iyice karıştırın. Sos karışımını ve tuzu ekleyin ve pirinç eşit şekilde sosla kaplanana kadar kepçe hareketiyle karıştırın.
d) Yumurtalarınızı, maş fasulyesi filizlerini ve yeşil soğanları atın. Bir veya iki dakika daha iyice karıştırın ve servis yapın!

72. sarhoş erişte

İçindekiler:

Tavuk ve marine için:
- 2 yemek kaşığı su
- 12 ons dilimlenmiş tavuk budu veya tavuk göğsü
- 1 çay kaşığı soya sosu
- 1 çay kaşığı yağ
- 2 çay kaşığı mısır nişastası

Yemeğin geri kalanı için:
- 8 ons genişliğinde kurutulmuş pirinç eriştesi, pişmiş
- 1 yemek kaşığı sıcak suda eritilmiş $1\frac{1}{2}$ çay kaşığı esmer şeker
- 2 çay kaşığı soya sosu
- 1 çay kaşığı koyu soya sosu
- 1 yemek kaşığı balık sosu
- 2 çay kaşığı istiridye sosu
- bir tutam öğütülmüş beyaz biber
- 3 yemek kaşığı sebze veya kanola yağı (bölünmüş)
- 3 diş sarımsak, dilimlenmiş
- $\frac{1}{4}$ çay kaşığı taze rendelenmiş zencefil
- 2 arpacık, dilimlenmiş (yaklaşık ⅓ bardaklar)
- 1 yeşil soğan, 3 inçlik parçalar halinde jülyen
- 4 Tay kırmızı biber, çekirdekleri çıkarılmış ve jülyen doğranmış
- 1 su bardağı gevşekçe paketlenmiş kutsal fesleğen veya Tay fesleğen
- 5 ila 6 adet bebek mısır, ikiye bölünmüş (isteğe bağlı)
- 2 çay kaşığı Shaoxing şarabı

Talimatlar:
a) 2 yemek kaşığı suyu tavuk sıvıyı çekene kadar elinizle dilimlenmiş tavuğun içine yedirin. Soya sosu, yağ, mısır nişastası ekleyin ve tavuk eşit şekilde kaplanana kadar karıştırın. 20 dakika kenara koyun.
b) Çözünmüş esmer şeker karışımını, soya sosunu, balık sosunu, istiridye sosunu ve beyaz biberi küçük bir kapta karıştırın ve bir kenara koyun.
c) Wok'unuzu sigara içmeye yakın olana kadar ısıtın ve wok'un çevresine 2 yemek kaşığı yağ sürün. Tavuğu ekleyin ve yaklaşık %90'ı pişene kadar her iki tarafı 1'er dakika pişirin. Wok'tan çıkarın ve bir kenara koyun. Isı yeterince yüksekse ve eti doğru şekilde kızarttıysanız, wok'unuz hiçbir şey yapışmadan temiz olmalıdır. Değilse, pirinç eriştelerinin yapışmasını önlemek için wok'u yıkayabilirsiniz.
d) Yüksek ateşte wok ile devam edin ve sarımsak ve rendelenmiş zencefil ile birlikte 1 yemek kaşığı yağ ekleyin.
e) Birkaç saniye sonra soğanları ekleyin. 20 saniye kızartın ve yeşil soğan, acı biber, fesleğen, bebek mısırı ve Shaoxing şarabını ekleyin. 20 saniye daha karıştırın ve pirinç eriştelerini ekleyin. Erişte ısınana kadar her şeyi bir dakika daha karıştırmak için bir kepçe hareketi kullanın.
f) Ardından, hazırlanan sos karışımını ekleyin ve eriştelerin rengi homojen olana kadar yaklaşık 1 dakika en yüksek ateşte karıştırarak kızartın. Yapışmayı önlemek için wok'un altını sıyırmak için metal spatula kullanmaya özen gösterin.
g) Haşlanmış tavuğu ekleyin ve 1-2 dakika daha karıştırarak kızartın. Servis!

73.   Sichuan dan erişte

İçindekiler:
Biber yağı için:
- 2 yemek kaşığı Sichuan biber-mısır
- 1 inç uzunluğunda tarçın parçası
- 2 yıldızlı anason
- 1 su bardağı sıvı yağ
- ¼ su bardağı ezilmiş kırmızı biber gevreği

Et ve sui mi ya cai için:
- 3 çay kaşığı sıvı yağ (bölünmüş)
- 8 oz. domuz eti
- 2 çay kaşığı tatlı fasulye sosu veya hoisin sosu
- 2 çay kaşığı shaoxing şarabı
- 1 çay kaşığı koyu soya sosu
- ½ çay kaşığı beş baharat tozu
- ⅓ kupa sui mi ya cai

Sosu için:
- 2 yemek kaşığı susam ezmesi (tahin)
- 3 yemek kaşığı soya sosu
- 2 çay kaşığı şeker
- ¼ çay kaşığı beş baharat tozu
- ½ çay kaşığı Sichuan karabiber tozu
- ½ su bardağı hazırladığınız biber yağı
- 2 diş sarımsak, çok ince kıyılmış
- Eriştelerden ¼ su bardağı sıcak su

Erişte ve sebzeler için:
- 1 lb. taze veya kuru beyaz erişte, orta kalınlıkta
- 1 küçük demet yapraklı yeşillik (ıspanak, Çin lahanası veya choy toplamı)

Montajlama:

- kıyılmış fıstık (isteğe bağlı)
- doğranmış yeşil soğan

Talimatlar:

a) Et karışımını yapmak için: Bir wok içinde bir çay kaşığı yağı orta ateşte ısıtın ve öğütülmüş domuz eti kızartın. Tatlı fasulye sosu, shaoxing şarabı, koyu soya sosu ve beş baharat tozu ekleyin. Tüm sıvı buharlaşana kadar pişirin. Kenara koyun. Diğer 2 çay kaşığı yağı wok tavasında orta ateşte ısıtın ve sui mi ya cai'yi (sebze turşusu) birkaç dakika soteleyin. Kenara koyun.

b) Sosu yapmak için: Tüm sos malzemelerini karıştırın. Dilerseniz tadına bakıp baharatını ayarlayın. Daha sıcak suyla gevşetebilir, daha fazla Sichuan karabiber tozu ekleyebilirsiniz.

c) Erişte ve sebzeleri hazırlamak için: Erişteleri paket talimatlarına göre pişirin ve süzün. Yeşillikleri erişte suyunda haşlayın ve süzün.

d) Sosu dört kaseye paylaştırın, ardından erişte ve yeşil yapraklı sebzeler ekleyin. Üzerine pişmiş domuz eti ve sui mi ya cai ekleyin. Kıyılmış fıstık (isteğe bağlı) ve yeşil soğan serpin.

e) Her şeyi birlikte karıştırın ve tadını çıkarın!

74. Sıcak ve ekşi çorba

İçindekiler:
- 4 ons 'kemiksiz domuz filetosu, $\frac{1}{4}$ inç kalınlığında şeritler halinde kesilmiş
- 1 yemek kaşığı koyu soya sosu
- 4 adet kurutulmuş shiitake mantarı
- 8 adet kurutulmuş ağaç kulak mantarı
- $1\frac{1}{2}$ yemek kaşığı mısır nişastası
- $\frac{1}{4}$ fincan baharatsız pirinç sirkesi
- 2 yemek kaşığı hafif soya sosu
- 2 çay kaşığı şeker
- 1 çay kaşığı Kızarmış Biber Yağı
- 1 çay kaşığı öğütülmüş beyaz biber
- 2 yemek kaşığı bitkisel yağ
- 1 adet soyulmuş taze zencefil dilimi, yaklaşık çeyrek büyüklüğünde
- koşer tuzu
- 4 su bardağı düşük sodyumlu tavuk suyu
- 4 ons'luk sert tofu, durulanmış ve $\frac{1}{4}$ inçlik şeritler halinde kesilmiş
- 1 büyük yumurta, hafifçe dövülmüş

- 2 adet taze soğan, garnitür için ince dilimlenmiş

Talimatlar:

a) Bir kapta, domuz eti ve koyu soyayı kaplamak için atın. Kenara koyun.

b) Her iki mantarı da ısıya dayanıklı bir kaba koyun ve kaynar suyla kaplayın. Mantarları yumuşayana kadar yaklaşık 20 dakika bekletin. $\frac{1}{4}$ bardak mantar suyunu bir bardak ölçüm kabına dökün ve bir kenara koyun. Kalan sıvıyı boşaltın ve atın. Shiitake mantarlarını ince dilimleyin ve ağaç kulak mantarlarını ısırık büyüklüğünde parçalar halinde kesin. Her iki mantarı da ıslatma kabına alın ve bir kenara koyun.

c) Mısır nişastasını, mısır nişastası eriyene kadar ayrılmış mantar sıvısına karıştırın. Şeker eriyene kadar sirke, hafif soya, şeker, biber yağı ve beyaz biberi karıştırın. Kenara koyun.

d) Bir damla su cızırdayana ve temas halinde buharlaşana kadar bir wok'u orta-yüksek ateşte ısıtın. Bitkisel yağı dökün ve wok tabanını kaplamak için döndürün. Zencefil ve bir tutam tuz ekleyerek yağı baharatlayın. Zencefilin yağda yaklaşık 30 saniye cızırdamasına izin verin, hafifçe döndürün.

e) Domuz eti wok'a aktarın ve domuz eti artık pembeleşene kadar yaklaşık 3 dakika karıştırarak kızartın. Zencefili çıkarın ve atın. Et suyunu ekleyip kaynamaya bırakın. Bir kaynamaya azaltın ve mantarları karıştırın. Tofuyu karıştırın ve 2 dakika pişirin. Mısır nişastası karışımını karıştırın ve çorba kalınlaşana kadar yaklaşık 30 saniye karıştırarak ısıyı orta-yüksek seviyeye getirin. Bir kaynamaya kadar ısıyı azaltın.

f) Çırpılmış yumurtaya bir çatal batırın ve çorbaya doğru sürükleyin, giderken hafifçe karıştırın.

75. domuz eti sosu

İçindekiler:

- 10 su bardağı su
- $\frac{3}{4}$ fincan yasemin pirinci, durulanır ve süzülür
- 1 çay kaşığı koşer tuzu
- 2 çay kaşığı soyulmuş kıyılmış taze zencefil
- 2 diş sarımsak, kıyılmış
- 1 çorba kaşığı hafif soya sosu, artı servis için daha fazlası
- 2 çay kaşığı Shaoxing pirinç şarabı
- 2 çay kaşığı mısır nişastası
- 6 ons öğütülmüş domuz eti
- 2 yemek kaşığı bitkisel yağ
- Servis için ince dilimlenmiş salamura Çin sebzeleri (isteğe bağlı)
- Servis için Taze Soğan-Zencefil Yağı (isteğe bağlı)
- Servis için Kızarmış Biber Yağı (isteğe bağlı)
- Servis için susam yağı (isteğe bağlı)

Talimatlar:

a) Kalın tabanlı bir tencerede suyu kaynatın. Pirinç ve tuzu karıştırın ve ısıyı azaltın. Örtün ve ara sıra karıştırarak yaklaşık $1\frac{1}{2}$ saat, pirinç yumuşak bir yulaf lapası kıvamına gelene kadar pişirin.

b) Congee pişirilirken orta boy bir kapta zencefil, sarımsak, hafif soya, pirinç şarabı ve mısır nişastasını karıştırın. Domuz eti ekleyin ve 15 dakika marine olmasına izin verin.

c) Bir damla su cızırdayana ve temas halinde buharlaşana kadar bir wok'u orta-yüksek ateşte ısıtın. Bitkisel yağı dökün ve wok tabanını kaplamak için döndürün. Domuz eti ekleyin ve eti fırlatıp parçalayarak yaklaşık 2 dakika kızartın.

d) Biraz karamelleşme elde etmek için karıştırmadan 1-2 dakika daha pişirin.

e) Congee'yi tavada kızartılmış domuz eti ile doldurulmuş çorba kaselerinde servis edin. Seçtiğiniz malzemelerle süsleyin.

76. Karidesli, Yumurtalı ve Taze Soğanlı Kızarmış Pilav

İçindekiler:
- 2 yemek kaşığı bitkisel yağ
- koşer tuzu
- 1 büyük yumurta, dövülmüş
- Yarım kilo karides (her boy), soyulmuş, ayıklanmış ve ısırık büyüklüğünde parçalar halinde kesilmiş
- 1 çay kaşığı soyulmuş ince kıyılmış taze zencefil
- 2 diş sarımsak, ince kıyılmış
- ½ su bardağı dondurulmuş bezelye ve havuç
- 2 taze soğan, ince dilimlenmiş, bölünmüş
- 3 su bardağı soğuk pişmiş pirinç
- 3 yemek kaşığı tuzsuz tereyağı
- 1 yemek kaşığı hafif soya sosu
- 1 yemek kaşığı susam yağı

Talimatlar:

a) Bir damla su cızırdayana ve temas halinde buharlaşana kadar bir wok'u orta-yüksek ateşte ısıtın. Bitkisel yağı dökün ve wok tabanını kaplamak için döndürün. Küçük bir tutam tuz ekleyerek yağı baharatlayın. Yumurtayı ekleyin ve hızlıca karıştırın.

b) Orta bir halka oluşturmak için yumurtayı wok'un kenarlarına doğru itin ve karides, zencefil ve sarımsağı birlikte ekleyin. Karidesleri küçük bir tutam tuzla opak ve pembeye dönene kadar 2 ila 3 dakika karıştırarak kızartın. Bezelye ve havuçları ve yeşil soğanların yarısını ekleyin ve bir dakika daha karıştırın.

c) Pirinci ekleyin, büyük topakları kırın ve tüm malzemeleri birleştirmek için fırlatıp çevirin. 1 dakika karıştırarak kızartın, ardından hepsini wok'un yanlarına doğru itin ve wok'un dibinde bir kuyu bırakın.

d) Tereyağı ve hafif soya ekleyin, tereyağının erimesine ve kabarmasına izin verin, ardından her şeyi yaklaşık 30 saniye kaplamak için bir araya getirin.

e) Kızarmış pirinci wok'a eşit bir tabaka halinde yayın ve pirincin hafifçe gevrekleşmesi için yaklaşık 2 dakika wok'a yaslanmasına izin verin. Üzerine susam yağı gezdirin ve küçük bir tutam tuz ile tatlandırın. Bir tabağa aktarın ve hemen servis yapın, yeşil soğanların geri kalanıyla süsleyin.

77. Füme Alabalık Kızarmış Pilav

İçindekiler:
- 2 büyük yumurta
- 1 çay kaşığı susam yağı
- koşer tuzu
- Öğütülmüş beyaz biber
- 1 yemek kaşığı hafif soya sosu
- ½ çay kaşığı şeker
- 3 yemek kaşığı ghee veya bitkisel yağ, bölünmüş
- 1 çay kaşığı soyulmuş ince kıyılmış taze zencefil
- 2 diş sarımsak, ince kıyılmış
- 3 su bardağı soğuk pişmiş pirinç
- 4 ons füme alabalık, ısırık büyüklüğünde parçalara bölünmüş
- ½ su bardağı ince dilimlenmiş marul kalpleri
- 2 taze soğan, ince dilimlenmiş
- ½ çay kaşığı beyaz susam

Talimatlar:

a) Büyük bir kapta yumurtaları susam yağı ve bir tutam tuz ve beyaz biber ile birleşene kadar çırpın. Küçük bir kapta, şekeri çözmek için hafif soya ve şekeri karıştırın. Kenara koyun.

b) Bir damla su cızırdayana ve temas halinde buharlaşana kadar bir wok'u orta-yüksek ateşte ısıtın. 1 çorba kaşığı ghee dökün ve wok tabanını kaplamak için girdap yapın. Yumurta karışımını ekleyin ve ısıya dayanıklı bir spatula kullanarak yumurtaları karıştırarak pişirin. Yumurtaları yeni piştiğinde ancak kurumadan bir tabağa aktarın.

c) Kalan 2 yemek kaşığı ghee'yi zencefil ve sarımsakla birlikte wok'a ekleyin. Sarımsak ve zencefil aromatik hale gelene kadar hızlıca karıştırın, ancak yanmalarına izin vermemeye dikkat edin. Pirinç ve soya karışımını ekleyin ve birleştirmek için karıştırın. Karıştırmaya devam edin, yaklaşık 3 dakika. Alabalık ve pişmiş yumurtayı ekleyin ve yaklaşık 20 saniye parçalamak için karıştırarak kızartın. Marul ve yeşil soğanları ekleyin ve ikisi de parlak yeşil olana kadar karıştırarak kızartın.

d) Servis tabağına alıp üzerine susam serpin.

78.   Spam Kızarmış Pilav

İçindekiler:

- 1 yemek kaşığı bitkisel yağ
- 2 adet soyulmuş taze zencefil dilimi
- koşer tuzu
- 1 (12 ons) spam, $\frac{1}{2}$ inç küpler halinde kesilmiş olabilir
- $\frac{1}{2}$ beyaz soğan, $\frac{1}{4}$ inç küpler halinde kesilmiş
- 2 diş sarımsak, ince kıyılmış
- $\frac{1}{2}$ su bardağı dondurulmuş bezelye ve havuç
- 2 taze soğan, ince dilimlenmiş, bölünmüş
- 3 su bardağı soğuk pişmiş pirinç
- $\frac{1}{2}$ su bardağı konserve ananas parçaları, meyve suları saklıdır
- 3 yemek kaşığı tuzsuz tereyağı
- 2 yemek kaşığı hafif soya sosu
- 1 çay kaşığı sriracha
- 1 çay kaşığı açık kahverengi şeker
- 1 yemek kaşığı susam yağı

Talimatlar:

a) Bir damla su cızırdayana ve temas halinde buharlaşana kadar bir wok'u orta-yüksek ateşte ısıtın. Bitkisel yağı dökün ve wok tabanını kaplamak için döndürün. Zencefil ve küçük bir tutam tuz ekleyerek yağı baharatlayın. Zencefilin yağda yaklaşık 30 saniye cızırdamasına izin verin, hafifçe döndürün.

b) Doğranmış Spam'i ekleyin ve wok'un dibine eşit olarak dağıtın. Atmadan ve çevirmeden önce Spam'in dağılmasına izin verin. Spam'i her tarafı altın sarısı ve gevrek olana kadar 5 ila 6 dakika karıştırarak kızartmaya devam edin.

c) Soğanı ve sarımsağı ekleyin ve soğan yarı saydam görünmeye başlayana kadar yaklaşık 2 dakika karıştırarak kızartın. Bezelye ve havuçları ve yeşil soğanların yarısını ekleyin. Bir dakika daha karıştırarak kızartın.

d) Pirinci ve ananası atın, büyük pirinç kümelerini parçalayın ve tüm malzemeleri birleştirmek için fırlatıp çevirin. 1 dakika karıştırarak kızartın, ardından hepsini wok'un yanlarına doğru itin ve wok'un dibinde bir kuyu bırakın.

e) Tereyağı, ayrılmış ananas suyu, hafif soya, sriracha ve esmer şekeri ekleyin. Şekeri eritmek için karıştırın ve sosu kaynatın, ardından sosu azaltmak ve hafifçe kalınlaştırmak için yaklaşık bir dakika pişirin. Her şeyi kaplamak için birleştirin, yaklaşık 30 saniye.

f) Kızarmış pirinci wok'a eşit bir tabaka halinde yayın ve pirinci wok'ta hafifçe gevrekleşmesi için yaklaşık 2 dakika bekletin. Zencefili çıkarın ve atın. Üzerine susam yağı gezdirin ve küçük bir tutam tuz ile tatlandırın. Bir tabağa aktarın ve kalan yeşil soğanlarla süsleyin. Hemen servis yapın.

79. Lap Cheung ve Bok Choy ile Buharda Pilav

İçindekiler:
- 1½ su bardağı yasemin pirinci
- 4 tur cheung (Çin sosisi) bağlantısı veya İspanyol chorizo
- 4 baby bok choy kafası, her biri 6 kamaya dilimlenmiş
- ¼ fincan bitkisel yağ
- 1 küçük arpacık, ince dilimlenmiş
- 1 inç taze zencefil parçası, soyulmuş ve ince kıyılmış
- 1 diş sarımsak, soyulmuş ve ince kıyılmış
- 2 çay kaşığı hafif soya sosu
- 1 yemek kaşığı koyu soya sosu
- 2 çay kaşığı Shaoxing pirinç şarabı
- 1 çay kaşığı susam yağı
- Şeker

Talimatlar:

a) Bir karıştırma kabında, pirinci 3 veya 4 kez soğuk su altında durulayın ve çalkalayın, nişastaları durulamak için pirinci suda döndürün. Pirinci soğuk suyla örtün ve 2 saat bekletin. Pirinci ince gözenekli bir elekten süzün.

b) İki bambu vapur sepetini ve kapaklarını soğuk su altında durulayın ve bir sepet wok'a yerleştirin. 2 inç veya su seviyesinin buharlı pişiricinin alt kenarının $\frac{1}{4}$ ila $\frac{1}{2}$ inç üzerine çıkmasına yetecek kadar su dökün, ancak su buharlı pişiricinin tabanına değecek kadar yüksek değil.

c) Bir tabağa bir parça tülbent serin ve ıslatılmış pirincin yarısını tabağa ekleyin. 2 sosis ve Çin lahanasının yarısını üstüne yerleştirin ve tülbentini gevşek bir şekilde bağlayın, böylece genişleyebilmesi için pirincin etrafında yeterli boşluk kalır. Plakayı buhar sepetine yerleştirin. İşlemi başka bir tabak, daha fazla tülbent ve ikinci vapur sepetinde kalan sosis ve Çin lahanası ile tekrarlayın, ardından ilkinin üzerine istifleyin ve kapatın.

d) Isıyı orta-yüksek seviyeye getirin ve suyu kaynatın. Pirinci 20 dakika buğulayın, su seviyesini sık sık kontrol edin ve gerektiğinde daha fazlasını ekleyin.

e) Pirinç buharda pişirilirken, küçük bir tencerede bitkisel yağı orta ateşte tütmeye başlayana kadar ısıtın. Ocağı kapatın ve arpacık soğanı, zencefil ve sarımsağı ekleyin. Karıştırın ve açık soya, koyu soya, pirinç şarabı, susam yağı ve bir tutam şeker ekleyin. Soğuması için kenara alın.

f) Pirinç hazır olduğunda, tülbentini dikkatlice çözün ve pirinci ve Çin lahanasını bir tabağa aktarın. Sosisleri çapraz olarak dilimleyin ve pirincin üzerine yerleştirin. Yanında zencefil soya yağı ile servis yapın.

80. Dana etli erişte çorbası

İçindekiler:
- ¾ pound dana bonfile uçları, tahıl boyunca ince dilimlenmiş
- 2 çay kaşığı kabartma tozu
- 4 yemek kaşığı Shaoxing pirinç şarabı, bölünmüş
- 4 yemek kaşığı hafif soya sosu, bölünmüş
- 2 çay kaşığı mısır nişastası, bölünmüş
- 1 çay kaşığı şeker
- Taze çekilmiş karabiber
- 3 yemek kaşığı bitkisel yağ, bölünmüş
- 2 çay kaşığı Çin beş baharat tozu
- 4 adet soyulmuş taze zencefil dilimi
- 2 diş sarımsak, soyulmuş ve ezilmiş
- 4 su bardağı et suyu
- ½ kiloluk kuru Çin eriştesi (herhangi bir tür)
- 2 bebek bok choy kafası, dörde bölünmüş
- 1 yemek kaşığı Scallion-Zencefil Yağı

Talimatlar:

a) Küçük bir kapta, sığır eti kabartma tozu ile atın ve 5 dakika bekletin. Sığır eti durulayın ve kağıt havlularla kurulayın.

b) Başka bir kapta eti pirinç şarabı, hafif soya, mısır nişastası, şeker, tuz ve karabiberle atın. Terbiye etmek.

c) Bir bardak ölçü kabında kalan 3 yemek kaşığı pirinç şarabı, 3 yemek kaşığı hafif soya ve 1 çay kaşığı mısır nişastasını karıştırın ve bir kenara koyun.

d) Bir damla su cızırdayana ve temas halinde buharlaşana kadar bir wok'u orta-yüksek ateşte ısıtın. 2 yemek kaşığı bitkisel yağ dökün ve wok tabanını kaplamak için döndürün. Sığır eti ve beş baharat tozu ekleyin ve ara sıra karıştırarak hafifçe kızarana kadar 3 ila 4 dakika pişirin. Sığır eti temiz bir kaseye aktarın ve bir kenara koyun.

e) Wok'u silerek temizleyin ve orta ısıya getirin. Kalan 1 yemek kaşığı bitkisel yağı ekleyin ve wok tabanını kaplamak için girdap yapın. Yağı baharatlamak için zencefil, sarımsak ve bir tutam tuz ekleyin. Zencefil ve sarımsağı yağda yaklaşık 10 saniye hafifçe döndürerek cızırdamaya bırakın.

f) Soya sosu karışımını dökün ve kaynatın. Et suyuna dökün ve kaynamaya geri dönün. Bir kaynamaya kadar azaltın ve sığır eti wok'a geri koyun. 10 dakika kaynatın.

g) Bu arada büyük bir tencereye su koyup yüksek ateşte kaynatın. Erişteleri ekleyin ve paket talimatlarına göre pişirin. Bir wok kepçe kullanarak erişteleri çıkarın ve süzün. Çin lahanasını kaynar suya ekleyin ve parlak yeşil ve yumuşayana kadar 2 ila 3 dakika pişirin. Çin lahanasını çıkarın ve bir kaseye koyun. Maşa kullanarak, erişteleri yeşil soğan-zencefil yağı ile kaplayın. Erişte ve Çin lahanasını çorba kaselerine paylaştırın.

81. Sarımsaklı Erişte

İçindekiler:
- ½ pound taze Çin eriştesi, pişmiş
- 2 yemek kaşığı susam yağı, bölünmüş
- 2 yemek kaşığı açık kahverengi şeker
- 2 yemek kaşığı istiridye sosu
- 1 yemek kaşığı hafif soya sosu
- ½ çay kaşığı öğütülmüş beyaz biber
- 6 yemek kaşığı tuzsuz tereyağı
- 8 diş sarımsak, ince kıyılmış
- 6 soğan, ince dilimlenmiş

Talimatlar:
a) Erişteleri 1 yemek kaşığı susam yağı ile gezdirin ve kaplamak için fırlatın. Kenara koyun.

b) Küçük bir kapta esmer şeker, istiridye sosu, hafif soya ve beyaz biberi karıştırın. Kenara koyun.

c) Bir wok'u orta-yüksek ateşte ısıtın ve tereyağını eritin. Sarımsakları ve yeşil soğanların yarısını ekleyin. 30 saniye karıştırarak kızartın.

d) Sosu dökün ve tereyağı ve sarımsak ile birleştirmek için karıştırın. Sosu kaynatın ve erişteleri ekleyin. Erişteleri ısınana kadar sosla kaplamak için atın.

82. Singapur eriştesi

İçindekiler:

- ½ pound kuru pirinç erişte erişte
- ½ kilo orta boy karides, soyulmuş ve ayıklanmış
- 3 yemek kaşığı hindistancevizi yağı, bölünmüş
- koşer tuzu
- 1 küçük beyaz soğan, ince şeritler halinde dilimlenmiş
- ½ yeşil dolmalık biber, ince şeritler halinde kesilmiş
- ½ kırmızı dolmalık biber, ince şeritler halinde kesilmiş
- 2 diş sarımsak, ince kıyılmış
- 1 su bardağı dondurulmuş bezelye, çözülmüş
- ½ pound Çin rosto domuz eti, ince şeritler halinde dilimlenmiş
- 2 çay kaşığı köri tozu
- Taze çekilmiş karabiber
- 1 misket limonunun suyu
- 8 ila 10 taze kişniş dal

Talimatlar:

a) Yüksek ateşte kaynaması için büyük bir su kabı getirin. Ocağı kapatın ve erişteleri ekleyin. Erişte opak olana kadar 4 ila 5 dakika bekletin. Erişteleri bir kevgir içinde dikkatlice boşaltın. Erişteleri soğuk suyla durulayın ve bir kenara koyun.

b) Küçük bir kapta karidesleri balık sosuyla (kullanıyorsanız) baharatlayın ve 5 dakika bekletin. Balık sosu kullanmak istemiyorsanız, karidesleri baharatlamak için bir tutam tuz kullanın.

c) Bir damla su cızırdayana ve temas halinde buharlaşana kadar bir wok'u orta-yüksek ateşte ısıtın. 2 yemek kaşığı hindistancevizi yağı dökün ve wok tabanını kaplamak için girdap yapın. Küçük bir tutam tuz ekleyerek yağı baharatlayın. Karidesleri ekleyin ve 3 ila 4 dakika ya da karides pembeleşene kadar karıştırın. Temiz bir kaba aktarın ve bir kenara koyun.

d) Kalan 1 yemek kaşığı hindistancevizi yağını ekleyin ve wok'u kaplamak için döndürün. Soğan ve biberler yumuşayana kadar soğanı, dolmalık biberi ve sarımsağı 3 ila 4 dakika karıştırın. Bezelyeleri ekleyin ve sadece ısınana kadar yaklaşık bir dakika daha karıştırın.

e) Domuz eti ekleyin ve karidesleri wok'a geri koyun. Köri tozu ile karıştırın ve tuz ve karabiber ile tatlandırın. Erişteleri ekleyin ve birleştirmek için fırlatın. Diğer malzemelerle hafifçe karıştırmaya devam ettiğinizde erişteler parlak altın sarısı bir renge dönecektir. Erişteler ısınana kadar yaklaşık 2 dakika karıştırarak kızartmaya ve savurmaya devam edin.

f) Erişteleri bir tabağa alın, üzerine limon suyu gezdirin ve kişniş ile süsleyin. Hemen servis yapın.

83. Napa Lahanalı Cam Erişte

İçindekiler:
- ½ kiloluk kurutulmuş tatlı patates eriştesi veya maş fasulyesi eriştesi
- 2 yemek kaşığı hafif soya sosu
- 2 çay kaşığı koyu soya sosu
- 1 yemek kaşığı istiridye sosu
- 1 çay kaşığı şeker
- 2 yemek kaşığı bitkisel yağ
- 2 adet soyulmuş taze zencefil dilimi
- koşer tuzu
- 1 çay kaşığı Sichuan karabiber
- 1 küçük baş napa lahana, ısırık büyüklüğünde parçalar halinde doğranmış
- ½ pound yeşil fasulye, kesilmiş ve yarıya
- 3 soğan, iri kıyılmış

Talimatlar:

a) Büyük bir kapta, erişteleri 10 dakika veya yumuşayana kadar sıcak suda ıslatarak yumuşatın. Erişteleri bir kevgir içinde dikkatlice boşaltın. Soğuk suyla durulayın ve bir kenara koyun.

b) Küçük bir kapta açık soya, koyu soya, istiridye sosu ve şekeri karıştırın. Kenara koyun.

c) Bir damla su cızırdayana ve temas halinde buharlaşana kadar bir wok'u orta-yüksek ateşte ısıtın. Yağı dökün ve wok tabanını kaplamak için döndürün. Zencefil, küçük bir tutam tuz ve Sichuan karabiberi ekleyerek yağı baharatlayın. Zencefilin yağda yaklaşık 30 saniye cızırdamasına izin verin, hafifçe döndürün. Zencefil ve karabiberleri çıkarın ve atın.

d) Napa lahanasını ve yeşil fasulyeyi wok'a ekleyin ve sebzeler soluncaya kadar 3 ila 4 dakika karıştırarak kızartın. Sosu dökün ve birleştirmek için fırlatın.

e) Erişteleri ekleyin ve sos ve sebzelerle birleştirmek için fırlatın. Örtün ve ısıyı orta seviyeye indirin. 2 ila 3 dakika veya erişte şeffaflaşana ve yeşil fasulye yumuşayana kadar pişirin.

f) Isıyı orta-yüksek seviyeye yükseltin ve wok'u ortaya çıkarın. Sos hafifçe kalınlaşana kadar 1 ila 2 dakika daha karıştırın, fırlatın ve kepçeleyin. Bir tabağa aktarın ve yeşil soğanlarla süsleyin. Sıcak servis yapın.

84. hakka erişte

İçindekiler:
- ¾ pound taze un bazlı erişte
- 3 yemek kaşığı susam yağı, bölünmüş
- 2 yemek kaşığı hafif soya sosu
- 1 yemek kaşığı pirinç sirkesi
- 2 çay kaşığı açık kahverengi şeker
- 1 çay kaşığı sriracha
- 1 çay kaşığı Kızarmış Biber Yağı
- koşer tuzu
- Öğütülmüş beyaz biber
- 2 yemek kaşığı bitkisel yağ
- 1 yemek kaşığı soyulmuş ince kıyılmış taze zencefil
- ½ baş yeşil lahana, doğranmış
- ½ kırmızı dolmalık biber, ince şeritler halinde dilimlenmiş
- ½ kırmızı soğan, ince dikey şeritler halinde dilimlenmiş
- 1 büyük havuç, soyulmuş ve jülyen doğranmış
- 2 diş sarımsak, ince kıyılmış
- 4 taze soğan, ince dilimlenmiş

Talimatlar:

a) Bir tencereye suyu kaynatın ve erişteleri paket talimatlarına göre pişirin. Süzün, durulayın ve 2 yemek kaşığı susam yağı ile atın. Kenara koyun.

b) Küçük bir kapta hafif soya, pirinç sirkesi, esmer şeker, sriracha, biber yağı ve bir tutam tuz ve beyaz biberi karıştırın. Kenara koyun.

c) Bir damla su cızırdayana ve temas halinde buharlaşana kadar bir wok'u orta-yüksek ateşte ısıtın. Bitkisel yağı dökün ve wok tabanını kaplamak için döndürün. Zencefil ve küçük bir tutam tuz ekleyerek yağı baharatlayın. Zencefilin yağda yaklaşık 10 saniye cızırdamasına izin verin, hafifçe döndürün.

d) Lahana, dolmalık biber, soğan ve havucu ekleyin ve 4 ila 5 dakika veya sebzeler yumuşayana ve soğan hafifçe karamelize olmaya başlayana kadar karıştırarak kızartın. Sarımsakları ekleyin ve kokusu çıkana kadar yaklaşık 30 saniye daha karıştırın. Sos karışımını karıştırın ve kaynatın. Isıyı orta dereceye düşürün ve sosu 1 ila 2 dakika pişirin. Yeşil soğanları ekleyin ve birleştirmek için fırlatın.

e) Erişteleri ekleyin ve birleştirmek için fırlatın. Isıyı orta-yüksek seviyeye yükseltin ve erişteleri ısıtmak için 1-2 dakika karıştırarak kızartın. Bir tabağa aktarın, kalan 1 yemek kaşığı susam yağı ile gezdirin ve sıcak servis yapın.

85. ped görüşürüz

İçindekiler:
- 2 çay kaşığı koyu soya sosu
- 2 çay kaşığı mısır nişastası
- 2 çay kaşığı balık sosu, bölünmüş
- $\frac{1}{2}$ çay kaşığı koşer tuzu
- Öğütülmüş beyaz biber
- Tahıl boyunca $\frac{1}{8}$ inç kalınlığında dilimler halinde dilimlenmiş $\frac{3}{4}$ pound yan biftek veya sığır filetosu uçları
- 2 yemek kaşığı istiridye sosu
- 1 yemek kaşığı hafif soya sosu
- $\frac{1}{2}$ çay kaşığı şeker
- $1\frac{1}{2}$ pound taze geniş pirinç eriştesi veya kuru pirinç eriştesi
- 5 yemek kaşığı bitkisel yağ, bölünmüş
- 4 diş sarımsak, ince dilimlenmiş
- 1 demet Çin brokoli (gai lan), sapları çapraz olarak $\frac{1}{2}$ inçlik parçalar halinde dilimlenmiş, yapraklar lokma büyüklüğünde kesilmiş
- 2 büyük yumurta, dövülmüş

Talimatlar:

a) Bir karıştırma kabında koyu soya, mısır nişastası, balık sosu, tuz ve bir tutam beyaz biberi karıştırın. Sığır dilimlerini ekleyin ve kaplamak için atın. 10 dakika marine olması için kenara alın.

b) Başka bir kapta istiridye sosu, hafif soya, kalan 1 çay kaşığı balık sosu ve şekeri karıştırın. Kenara koyun.

c) Bir damla su cızırdayana ve temas halinde buharlaşana kadar bir wok'u orta-yüksek ateşte ısıtın. 2 yemek kaşığı yağı dökün ve wok tabanını kaplamak için döndürün. Maşa kullanarak sığır eti wok'a aktarın ve turşuyu rezerve edin. Sığır eti kahverengileşip kurumuş bir kabuk oluşana kadar 2 ila 3 dakika wok'a karşı mühürleyin. Sığır eti marine kasesine geri koyun ve istiridye sosu karışımını karıştırın.

d) 2 yemek kaşığı daha yağ ekleyin ve sarımsakları 30 saniye karıştırın. Çin brokoli saplarını ekleyin ve sarımsakların yanmasını önlemek için her şeyi hareket ettirerek 45 saniye karıştırın.

e) Brokoli saplarını wok'un kenarlarına doğru itin, wok'un altını boş bırakın. Kalan 1 yemek kaşığı yağı ekleyin ve kuyuda yumurtaları çırpın, ardından birlikte atın.

f) Erişte, sos ve sığır eti ekleyin ve tüm malzemeleri birleştirmek için hızlıca fırlatıp çevirin, 30 saniye daha karıştırın. Brokoli yapraklarını ekleyin ve 30 saniye daha veya yapraklar solmaya başlayana kadar karıştırın. Bir tabağa dönün ve hemen servis yapın.

86.   Tavuklu Chow Mein

İçindekiler:
- $\frac{1}{2}$ pound taze ince Hong Kong tarzı yumurtalı erişte
- $1\frac{1}{2}$ yemek kaşığı susam yağı, bölünmüş
- 2 çay kaşığı Shaoxing pirinç şarabı
- 2 çay kaşığı hafif soya sosu
- Öğütülmüş beyaz biber
- Yarım kilo ince şeritler halinde dilimlenmiş tavuk budu
- $\frac{1}{4}$ fincan düşük sodyumlu tavuk suyu
- 2 çay kaşığı koyu soya sosu
- 2 çay kaşığı istiridye sosu
- 2 çay kaşığı mısır nişastası
- 4 yemek kaşığı bitkisel yağ, bölünmüş
- 3 kafa baby bok choy, ısırık büyüklüğünde parçalar halinde kesilmiş
- 2 diş sarımsak, ince kıyılmış
- 1 büyük avuç (2 ila 3 ons) maş fasulyesi filizi

Talimatlar:

a) Bir tencereye suyu kaynatın ve erişteleri paket talimatlarına göre pişirin. 1 bardak pişirme suyundan ayırın ve erişteleri bir kevgir içinde boşaltın. Erişteleri soğuk suyla durulayın ve 1 yemek kaşığı susam yağında gezdirin. Kaplamak için atın ve bir kenara koyun.

b) Bir karıştırma kabında pirinç şarabı, hafif soya ve bir tutam beyaz biberi birleştirin. Tavuk parçalarını kaplayacak şekilde atın ve 10 dakika marine edin. Küçük bir kapta tavuk suyu, koyu soya, kalan $\frac{1}{2}$ yemek kaşığı susam yağı, istiridye sosu ve mısır nişastasını karıştırın. Kenara koyun.

c) Bir damla su cızırdayana ve temas halinde buharlaşana kadar bir wok'u orta-yüksek ateşte ısıtın. 3 yemek kaşığı bitkisel yağ dökün ve wok tabanını kaplamak için döndürün. Erişteleri bir katmana ekleyin ve 2 ila 3 dakika veya altın rengi kahverengi olana kadar kızartın. Erişteleri dikkatlice ters çevirin ve diğer tarafta 2 dakika daha veya erişteler gevrek ve kahverengi olana ve gevşek bir kek haline gelene kadar kızartın. Kağıt havlu serili bir tabağa aktarın ve bir kenara koyun.

d) Kalan 1 yemek kaşığı bitkisel yağı ekleyin ve tavuğu karıştırarak kızartın ve tavuk artık pembeleşene ve turşusu buharlaşana kadar 2 ila 3 dakika marine edin. Çin lahanası ve sarımsak ekleyin, Çin lahanası sapları yumuşayana kadar yaklaşık bir dakika daha kızartın.

e) Sosu dökün ve tavuk ve Çin lahanası ile birleştirmek için atın.

f) Erişteleri geri koyun ve bir kepçe ve kaldırma hareketi kullanarak erişteleri tavuk ve sebzelerle sos ile kaplanana kadar yaklaşık 2 dakika fırlatın. Erişte biraz kuru görünüyorsa, fırlatırken ayrılmış pişirme suyundan bir çorba kaşığı ekleyin. Fasulye filizlerini ekleyin ve karıştırarak, kaldırarak ve 1 dakika daha kepçeyle kızartın.

g) Bir tabağa aktarın ve sıcak servis yapın.

87. Sığır eti

İçindekiler:

- ½ kilo taze lo mein yumurtalı erişte, pişmiş
- 2 yemek kaşığı susam yağı, bölünmüş
- 2 yemek kaşığı Shaoxing pirinç şarabı
- 2 yemek kaşığı mısır nişastası, bölünmüş
- 2 yemek kaşığı koyu soya sosu
- Öğütülmüş beyaz biber
- Tahıl boyunca ince şeritler halinde dilimlenmiş ½ kiloluk dana bonfile uçları
- 3 yemek kaşığı bitkisel yağ, bölünmüş
- Her biri çeyrek büyüklüğünde 2 soyulmuş taze zencefil dilimi
- koşer tuzu
- ½ kırmızı dolmalık biber, ince şeritler halinde dilimlenmiş
- 1 su bardağı kar bezelye, ipleri alınmış
- 2 diş sarımsak, ince kıyılmış
- 2 su bardağı maş fasulyesi filizi

Talimatlar:

a) Erişteleri 1 yemek kaşığı susam yağı ile gezdirin ve kaplamak için fırlatın. Kenara koyun.

b) Bir karıştırma kabında pirinç şarabı, 2 çay kaşığı mısır nişastası, koyu soya ve bir tutam beyaz biberi karıştırın. Sığır eti ekleyin ve kaplamak için atın. Marine etmek için 10 dakika bekletin.

c) Bir damla su cızırdayana ve temas halinde buharlaşana kadar bir wok'u orta-yüksek ateşte ısıtın. Bitkisel yağı dökün ve wok tabanını kaplamak için döndürün. Zencefil ve küçük bir tutam tuz ekleyerek yağı baharatlayın. Zencefilin yağda yaklaşık 30 saniye cızırdamasına izin verin, hafifçe döndürün. Turşuyu saklayarak sığır eti ekleyin ve 2 ila 3 dakika wok tavada kızartın. Sığır eti atıp çevirin, 1 dakika daha veya artık pembeleşene kadar kızartın. Bir kaseye aktarın ve bir kenara koyun.

d) Kalan 1 yemek kaşığı bitkisel yağı ekleyin ve dolmalık biberi karıştırarak 2 ila 3 dakika yumuşayana kadar kızartın. Kar bezelyesini ve sarımsağı ekleyin, bir dakika daha karıştırarak veya sarımsak kokulu olana kadar kızartın.

e) Tüm malzemeleri wok'un kenarlarına itin ve kalan susam yağını, ayrılmış turşuyu, kalan mısır nişastasını ve pişirme suyunu dökün. Birlikte karıştırın ve kaynatın. Sığır eti wok'a geri koyun ve 1 ila 2 dakika boyunca sebzelerle birleştirmek için fırlatın.

f) Erişteleri sosla kaplanana kadar sığır eti ve sebzelerle birlikte atın. Fasulye filizlerini ekleyin ve birleştirmek için fırlatın. Zencefili çıkarın ve atın. Bir tabağa aktarın ve servis yapın.

88. Dan Dan Erişte

İçindekiler:
- ¾ pound ince buğday eriştesi
- 4 ons öğütülmüş domuz eti
- 4 yemek kaşığı bitkisel yağ, bölünmüş
- 2 yemek kaşığı Shaoxing pirinç şarabı, bölünmüş
- koşer tuzu
- ¼ fincan hafif soya sosu
- 2 yemek kaşığı pürüzsüz fıstık ezmesi
- 1 yemek kaşığı siyah sirke
- 3 diş sarımsak, ince kıyılmış
- 2 çay kaşığı açık kahverengi şeker
- 1 çay kaşığı Sichuan karabiberi, kızarmış ve öğütülmüş
- 1 inç parça taze zencefil, soyulmuş ve ince kıyılmış
- 1 yemek kaşığı fermente edilmiş siyah fasulye, durulanmış ve doğranmış
- 2 küçük kafa baby bok choy, iri kıyılmış
- 2 yemek kaşığı Kızarmış Biber Yağı
- ½ su bardağı ince kıyılmış kuru kavrulmuş fıstık

Talimatlar:

a) Büyük bir tencerede suyu kaynatın ve erişteleri paketteki talimatlara göre pişirin. Süzün ve soğuk suyla durulayın ve bir kenara koyun. Tencereyi taze suyla doldurun ve ocakta kaynatın.

b) Bir kapta domuz eti 1 yemek kaşığı bitkisel yağ, 1 yemek kaşığı pirinç şarabı ve bir tutam tuz ile karıştırın. 10 dakika marine olması için kenara alın.

c) Küçük bir kapta kalan 1 yemek kaşığı pirinç şarabı, hafif soya, fıstık ezmesi, siyah sirke, sarımsak, esmer şeker, Sichuan karabiberi, zencefil ve siyah fasulyeyi birlikte çırpın. Kenara koyun.

d) Bir damla su cızırdayana ve temas halinde buharlaşana kadar bir wok'u orta-yüksek ateşte ısıtın. 2 yemek kaşığı bitkisel yağ dökün ve wok tabanını kaplamak için döndürün. Domuz eti ekleyin ve kızarana ve hafifçe gevrekleşene kadar 4 ila 6 dakika karıştırın. Sos karışımını dökün ve birleştirmek için fırlatın, 1 dakika pişirin. Temiz bir kaba aktarın ve bir kenara koyun.

e) Wok'u silin ve kalan 1 yemek kaşığı bitkisel yağı ekleyin. Çin lahanasını solup yumuşayana kadar 1 ila 2 dakika çabucak karıştırarak kızartın. Domuz eti kasesine ekleyin ve birlikte karıştırın.

f) Bir araya getirmek için erişteleri tekrar ısıtmak için 30 saniye kaynar suya batırın. Süzün ve 4 derin kaseye bölün.

89. sığır eti eğlencesi

İçindekiler:

- ¼ fincan Shaoxing pirinç şarabı
- ¼ fincan hafif soya sosu
- 2 yemek kaşığı mısır nişastası
- 1½ yemek kaşığı koyu soya sosu
- 1½ yemek kaşığı koyu soya sosu
- ½ çay kaşığı şeker
- ¾ pound yan biftek veya sığır filetosu uçları, dilimler halinde kesilmiş
- 1½ pound taze geniş pirinç eriştesi, pişmiş
- 2 yemek kaşığı susam yağı, bölünmüş
- 3 yemek kaşığı bitkisel yağ, bölünmüş
- 4 adet soyulmuş taze zencefil dilimi
- 8 yeşil soğan, boyuna ikiye bölünmüş ve 3 inçlik parçalar halinde kesilmiş
- 2 su bardağı taze maş fasulyesi filizi

Talimatlar:

a) Bir karıştırma kabında pirinç şarabı, hafif soya, mısır nişastası, koyu soya, şeker ve bir tutam beyaz biberi karıştırın. Sığır eti ekleyin ve kaplamak için atın. En az 10 dakika marine olması için kenara alın.

b) Bir damla su cızırdayana ve temas halinde buharlaşana kadar bir wok'u orta-yüksek ateşte ısıtın. 2 yemek kaşığı bitkisel yağ dökün ve wok tabanını kaplamak için döndürün. Zencefil ve bir tutam tuz ekleyerek yağı baharatlayın. Zencefilin yağda yaklaşık 30 saniye cızırdamasına izin verin, hafifçe döndürün.

c) Maşa kullanarak sığır eti wok'a ekleyin ve marine sıvısını saklayın. Sığır eti wok'a karşı 2 ila 3 dakika veya kızarmış, esmer bir kabuk oluşana kadar mühürleyin. Sığır etini 1 dakika daha wok'un etrafında çevirin ve çevirin. Temiz bir kaba aktarın ve bir kenara koyun.

d) 1 yemek kaşığı daha bitkisel yağ ekleyin ve yeşil soğanları 30 saniye veya yumuşayana kadar kızartın. Erişteleri ekleyin ve birbirine yapışmışlarsa ayırmaya yardımcı olmak için yukarı doğru kepçe hareketiyle kaldırın. Erişteler gerçekten birbirine yapışmışsa, her seferinde 1 yemek kaşığı olmak üzere pişirme suyunu ekleyin.

e) Sığır eti wok'a geri koyun ve erişte ile birleştirmek için fırlatın. Ayrılmış turşuyu dökün ve 30 saniye ila 1 dakika arasında veya sos kalınlaşıp erişteleri kaplayana ve derin, zengin kahverengi bir renge dönene kadar fırlatın. Gerekirse, sosu inceltmek için 1 yemek kaşığı ayrılmış pişirme suyundan ekleyin. Fasulye filizlerini ekleyin ve ısınana kadar yaklaşık 1 dakika atın. Zencefili çıkarın ve atın.

f) Bir tabağa aktarın ve kalan 1 yemek kaşığı susam yağı ile gezdirin. Sıcak servis yapın.

SOSLAR, ATIŞTIRMALIKLAR VE TATLILAR

90. Siyah Fasulye Sosu

İçindekiler

- ½ su bardağı fermente edilmiş siyah fasulye, ıslatılmış
- 1 su bardağı bitkisel yağ, bölünmüş
- 1 büyük arpacık, ince kıyılmış
- 3 yemek kaşığı soyulmuş ve kıyılmış taze zencefil
- 4 taze soğan, ince dilimlenmiş
- 6 diş sarımsak, ince kıyılmış
- ½ fincan Shaoxing pirinç şarabı

Talimatlar:

a) Orta-yüksek ısıda bir wok ısıtın. ¼ fincan yağı dökün ve tavayı kaplamak için döndürün. Arpacık soğanı, zencefil, yeşil soğan ve sarımsak ekleyin ve 1 dakika veya karışım yumuşayana kadar karıştırarak kızartın.

b) Siyah fasulyeyi ve pirinç şarabını ekleyin. Isıyı orta dereceye düşürün ve karışım yarı yarıya azalana kadar 3 ila 4 dakika pişirin.

c) Karışımı hava geçirmez bir kaba aktarın ve oda sıcaklığına soğutun. Kalan yarım su bardağı sıvı yağı da üzerine gezdirip kapağını kapatın. Kullanıma hazır olana kadar buzdolabında saklayın.

d) Bu taze fasulye sosu, buzdolabında hava geçirmez bir kapta bir aya kadar saklanacaktır. Daha uzun süre saklamak isterseniz, daha küçük porsiyonlarda dondurun.

91. Yeşil Soğan-Zencefil Yağı

İçindekiler

- 1½ su bardağı ince dilimlenmiş taze soğan
- 1 yemek kaşığı soyulmuş ve ince kıyılmış taze zencefil
- 1 çay kaşığı koşer tuzu
- 1 su bardağı bitkisel yağ

Talimatlar:

a) Isıya dayanıklı cam veya paslanmaz çelik bir kapta yeşil soğan, zencefil ve tuzu atın. Kenara koyun.

b) Yağı bir wok içine dökün ve bir parça yeşil soğan yağın içine düştüğünde hemen cızırdayana kadar orta-yüksek ateşte ısıtın. Yağ ısındığında, wok'u ocaktan alın ve sıcak yağı yeşil soğan ve zencefilin üzerine dikkatlice dökün. Dökerken ve kabarırken karışım cızırdamalı. Kabarmaması için yağı yavaşça dökün.

c) Karışımın tamamen soğumasını bekleyin, yaklaşık 20 dakika. Karıştırın, hava geçirmez bir kavanoza aktarın ve 2 haftaya kadar soğutun.

92.   XO Sos

İçindekiler

- 2 su bardağı büyük kurutulmuş tarak
- 20 adet kurutulmuş kırmızı biber, sapları çıkarılmış
- 2 taze kırmızı biber, iri doğranmış
- 2 arpacık, iri doğranmış
- 2 diş sarımsak, iri kıyılmış
- $\frac{1}{2}$ su bardağı küçük kurutulmuş karides
- 3 dilim pastırma, kıyılmış
- $\frac{1}{2}$ su bardağı bitkisel yağ
- 1 yemek kaşığı esmer şeker
- 2 çay kaşığı Çin beş baharat tozu
- 2 yemek kaşığı Shaoxing pirinç şarabı

Talimatlar:

a) Büyük bir cam kaseye tarakları koyun ve kaynar suyla bir inç örtün. 10 dakika veya taraklar yumuşayana kadar bekletin. 2 yemek kaşığı su hariç hepsini boşaltın ve plastik sargıyla örtün. 3 dakika mikrodalgada. Hafifçe soğuması için kenara alın. Parmaklarınızı kullanarak tarakları daha küçük parçalara ayırın ve tarakları gevşetmek için birbirine sürtün. Bir mutfak robotuna aktarın ve 10 ila 15 kez veya taraklar ince bir şekilde parçalanana kadar nabız atın. Bir kaseye aktarın ve bir kenara koyun.

b) Mutfak robotunda kuru biberleri, taze biberleri, arpacık soğanı ve sarımsağı birleştirin. Karışım bir macun oluşturana ve ince kıyılmış görünene kadar birkaç kez vurun. Her şeyi aynı boyutta tutmak için giderken kenarları kazımanız gerekebilir. Karışımı tarak kasesine aktarın ve bir kenara koyun.

c) Karides ve pastırmayı mutfak robotuna ekleyin ve ince bir şekilde kıymak için birkaç kez vurun.

d) Orta-yüksek ısıda bir wok ısıtın. Tavayı kaplamak için yağı dökün ve döndürün. Karides ve pastırmayı ekleyin ve pastırma kahverengileşip çok gevrek hale gelene kadar 1 ila 2 dakika pişirin. Esmer şeker ve beş baharat tozu ekleyin ve esmer şeker karamelize olana kadar 1 dakika daha pişirin.

e) Tarak ve biber-sarımsak karışımını ekleyin ve 1 ila 2 dakika daha veya sarımsak karamelize olmaya başlayana kadar pişirin. Pirinç şarabını dikkatlice wok'un kenarlarına dökün ve buharlaşana kadar 2 ila 3 dakika daha pişirin. Dikkatli olun - bu noktada şaraptan yağ sıçrayabilir.

f) Sosu bir kaba aktarın ve soğutun. Soğuduktan sonra sosu daha küçük kavanozlara ayırın ve kapatın. XO sosu buzdolabında 1 aya kadar saklanabilir.

93. Kızarmış Biber Yağı

İçindekiler

- ¼ fincan Sichuan biber gevreği
- 2 yemek kaşığı beyaz susam
- 1 yıldızlı anason kabuğu
- 1 tarçın çubuğu
- 1 çay kaşığı koşer tuzu
- 1 su bardağı bitkisel yağ

Talimatlar:

a) Isıya dayanıklı cam veya paslanmaz çelik bir kapta pul biber, susam, anason, tarçın çubuğu ve tuzu birleştirin ve karıştırın. Kenara koyun.

b) Yağı bir wok'a dökün ve tarçın çubuğu yağa batırıldığında hemen cızırdayana kadar orta-yüksek ateşte ısıtın. Yağ ısındıktan sonra wok'u ocaktan alın ve kızgın yağı baharatların üzerine dikkatlice dökün. Dökerken ve kabarırken karışım cızırdamalı. Kabarmaması için yağı yavaşça dökün.

c) Karışımın tamamen soğumasını bekleyin, yaklaşık 20 dakika. Karıştırın, hava geçirmez bir kavanoza aktarın ve 4 haftaya kadar soğutun.

94. erik Sos

İçindekiler

- 4 su bardağı iri doğranmış erik (yaklaşık $1\frac{1}{2}$ pound)
- $\frac{1}{2}$ küçük sarı soğan, doğranmış
- $\frac{1}{2}$ inç taze zencefil dilimi, soyulmuş
- 1 diş sarımsak, soyulmuş ve ezilmiş
- $\frac{1}{2}$ su bardağı su
- $\frac{1}{3}$ fincan açık kahverengi şeker
- $\frac{1}{4}$ bardak elma sirkesi
- $\frac{1}{2}$ çay kaşığı Çin beş baharat tozu
- koşer tuzu

Talimatlar:

a) Bir wokta erik, soğan, zencefil, sarımsak ve suyu orta-yüksek ateşte kaynatın. Örtün, ısıyı orta dereceye düşürün ve ara sıra karıştırarak, erik ve soğan yumuşayana kadar yaklaşık 20 dakika pişirin.

b) Karışımı bir blender veya mutfak robotuna aktarın ve pürüzsüz olana kadar karıştırın. Wok'a dönün ve şeker, sirke, beş baharat tozu ve bir tutam tuzu karıştırın.

c) Isıyı tekrar orta-yüksek seviyeye getirin ve sık sık karıştırarak kaynatın. Isıyı en aza indirin ve karışım elma püresi kıvamına gelene kadar yaklaşık 30 dakika pişirin.

95. Hakka Baharat Patlamış Mısır

İçindekiler

- baharat karışımı
- 2 yemek kaşığı bitkisel yağ
- $\frac{1}{2}$ su bardağı patlamış mısır taneleri
- koşer tuzu

Talimatlar:

a) Küçük bir sote tavasında veya tavada baharatlarınızı birleştirin; yıldız anason tohumları, kakule tohumları, karanfil, karabiber, kişniş tohumları ve rezene tohumları. Baharatları 5-6 dakika kavurun.

b) Tavayı ocaktan alın ve baharatları bir havanda ve havanda veya baharat öğütücüde aktarın. Baharatları ince bir toz haline getirin ve küçük bir kaseye aktarın.

c) Öğütülmüş tarçın, zencefil, zerdeçal ve acı biberi ekleyin ve birleştirmek için karıştırın. Kenara koyun.

d) Bir wok'u orta-yüksek ateşte tüttürmeye başlayana kadar ısıtın. Bitkisel yağı ve ghee'yi dökün ve wok'u kaplamak için döndürün. Wok'a 2 patlamış mısır tanesi ekleyin ve üzerini kapatın. Patladıktan sonra kalan çekirdekleri ekleyin ve üzerini kapatın. Patlama durana kadar sürekli sallayın.

e) Patlamış mısırı büyük bir kağıt torbaya aktarın. 2 cömert tutam koşer tuzu ve $1\frac{1}{2}$ yemek kaşığı baharat karışımını ekleyin. Torbayı katlayın ve sallayın!

96. Çaylı Yumurta

İçindekiler

- 2 su bardağı su
- ¾ fincan koyu soya sosu
- Her biri çeyrek büyüklüğünde 6 adet soyulmuş taze zencefil dilimi
- 2 bütün yıldız anason
- 2 çubuk tarçın
- 6 bütün karanfil
- 1 çay kaşığı rezene tohumu
- 1 çay kaşığı Sichuan karabiber veya karabiber
- 1 çay kaşığı şeker
- 5 kafeinsiz siyah çay poşeti
- 8 büyük yumurta, oda sıcaklığında

Talimatlar:

a) Bir tencerede, suyu kaynatın. Koyu soya, zencefil, anason, çubuk tarçın, karanfil, rezene tohumu, karabiber ve şekeri ekleyin. Tencereyi kapatın ve ısıyı azaltın; 20 dakika pişirin. Ocağı kapatın ve çay poşetlerini ekleyin. Çayı 10 dakika demleyin. Çayı ince gözenekli bir elekten geçirerek ısıya dayanıklı büyük bir ölçüm kabına süzün ve yumurtaları pişirirken soğumaya bırakın.

b) Yumurtalar için bir buz banyosu oluşturmak için büyük bir kaseyi buz ve suyla doldurun ve bir kenara koyun. Bir wokta, yumurtaları yaklaşık bir inç kadar kaplayacak kadar su kaynatın. Yumurtaları yavaşça suya indirin, ısıyı azaltın ve 9 dakika pişirin. Yumurtaları oluklu bir kaşıkla çıkarın ve soğuyana kadar buz banyosuna aktarın.

c) Yumurtaları buz banyosundan çıkarın. Kabukları çatlamak için yumurtalara bir kaşığın arkasıyla vurun, böylece turşu çatlaklar arasında sızabilir, ancak kabukları açık bırakacak kadar nazikçe. Kabuklar bir mozaik gibi görünmelidir. Yumurtaları büyük bir kavanoza (en az 32 ons) koyun ve marine sosuyla kaplayın. Bunları buzdolabında en az 24 saat veya bir haftaya kadar saklayın. Servis yapmaya hazır olduğunuzda yumurtaları marine sosundan çıkarın.

97. Buğulanmış Yeşil Soğan Çörekler

İçindekiler

- ½ su bardağı tam yağlı süt, oda sıcaklığında
- 1 yemek kaşığı şeker
- 1 çay kaşığı aktif kuru maya
- 2 fincan çok amaçlı un
- 1 çay kaşığı kabartma tozu
- ¾ çay kaşığı koşer tuzu, bölünmüş
- 2 yemek kaşığı susam yağı, bölünmüş
- 2 çay kaşığı Çin beş baharat tozu, bölünmüş
- 6 soğan, ince dilimlenmiş

Talimatlar:

a) Süt, şeker ve mayayı karıştırın. Mayayı aktif hale getirmek için 5 dakika bekletin.

b) Büyük bir karıştırma kabında, birleştirmek için un, kabartma tozu ve tuzu karıştırın. Süt karışımını dökün. Yumuşak, elastik bir hamur oluşana kadar veya elle 6 ila 8 dakika birleştirin. Bir kaseye alıp üzerini bir bezle örtüp 10 dakika dinlendirin.

c) Bir oklava ile, bir parçayı 15'e 18 inçlik bir dikdörtgene yuvarlayın. Hamurun üzerine 1 yemek kaşığı susam yağı sürün. Beş baharat tozu ve tuzla tatlandırın. Yeşil soğanların yarısını serpin ve hafifçe hamura bastırın.

d) Tarçınlı rulo yapar gibi hamuru uzun kenarından başlayarak rulo yapın. Haddelenmiş kütüğü 8 eşit parçaya kesin. Topuzu şekillendirmek için 2 parça alın ve kesilen tarafları dışa bakacak şekilde yanlarına üst üste koyun.

e) Yığının ortasına bastırmak için bir çubuk kullanın; bu, dolguyu hafifçe dışarı itecektir. Çubuğu çıkarın. Parmaklarınızı kullanarak hamurun iki ucunu hafifçe çekerek esnetin ve ardından uçları ortanın altına sarın ve uçları birbirine kıstırın.

f) Topuzu 3 inçlik bir kare parşömen kağıdına yerleştirin ve kanıtlamak için bir buharlı sepet içine koyun. Çörekler arasında en az 2 inç boşluk olduğundan emin olarak, kalan hamurla şekillendirme işlemini tekrarlayın. Daha fazla alana ihtiyacınız varsa ikinci bir buharlı sepet kullanabilirsiniz. 8

adet bükülü çöreğiniz olmalı. Sepetleri plastik sargı ile örtün ve 1 saat veya iki katına çıkana kadar yükselmeye bırakın.

g) Wok'a yaklaşık 2 inç su dökün ve buharlı sepetleri wok'a yerleştirin. Su seviyesi, buharlı pişiricinin alt kenarının $\frac{1}{4}$ ila $\frac{1}{2}$ inç üzerine gelmeli, ancak sepetin dibine değecek kadar yüksek olmamalıdır. Sepetleri buharlı pişirici sepet kapağı ile kapatın ve suyu orta-yüksek ateşte kaynatın.

h) Isıyı orta seviyeye düşürün ve gerekirse wok'a daha fazla su ekleyerek 15 dakika buharlayın. Isıyı kapatın ve sepetleri 5 dakika daha kapalı tutun. Çörekleri bir tabağa aktarın ve servis yapın,

98. Buğulanmış Bademli Pandispanya

İçindekiler

- Yapışmaz pişirme spreyi
- 1 su bardağı kek unu, elenmiş
- 1 çay kaşığı kabartma tozu
- ¼ çay kaşığı koşer tuzu
- 5 büyük yumurta, ayrılmış
- ¾ su bardağı şeker, bölünmüş
- 1 çay kaşığı badem özü
- ½ çay kaşığı krem tartar

Talimatlar:

a) Parşömen kağıdıyla 8 inçlik bir kek tepsisini hizalayın. Parşömeni yapışmaz pişirme spreyi ile hafifçe püskürtün ve bir kenara koyun.

b) Bir kaseye kek ununu, kabartma tozunu ve tuzu birlikte eleyin.

c) Bir ayaklı mikserde veya orta boy bir el mikserinde, yumurta sarılarını $\frac{1}{2}$ su bardağı şeker ve badem özü ile açık ve koyu bir kıvam alana kadar yaklaşık 3 dakika çırpın. Un karışımını ekleyin ve sadece birleşene kadar karıştırın. Kenara koyun.

d) Çırpıcıyı temizleyin ve başka bir temiz kapta yumurta aklarını tartar kreması ile köpürene kadar çırpın. Mikser çalışırken beyazları çırpmaya devam ederek kalan $\frac{1}{4}$ su bardağı şekeri azar azar ilave edin. Beyazlar parlaklaşana ve sert tepe noktaları oluşana kadar 4 ila 5 dakika çırpın.

e) Yumurta aklarını kek hamuruna katın ve yumurta beyazları karışana kadar yavaşça karıştırın. Hamuru hazırlanan kek kalıbına aktarın.

f) Bambu vapur sepetini ve kapağını soğuk su altında durulayın ve wok'a yerleştirin. 2 inç veya buharlı pişiricinin alt kenarının $\frac{1}{4}$ ila $\frac{1}{2}$ inç üzerine gelene kadar, ancak sepetin dibine değmeyecek kadar fazla su dökün. Orta tavayı buhar sepetine yerleştirin.

g) Suyu yüksek ateşte kaynatın. Kapağı buharlı pişirici sepetine yerleştirin ve ısıyı orta seviyeye getirin. Keki 25 dakika ya da ortasına batırdığınız kürdan temiz çıkana kadar buharda pişirin.

h) Pastayı bir tel soğutma rafına aktarın ve 10 dakika soğutun. Pastayı rafa çevirin ve parşömen kağıdını çıkarın. Keki ters çevirerek servis tabağına ters çevirin, sağ tarafı yukarı gelecek şekilde. 8 kamaya dilimleyin ve sıcak servis yapın.

99.   Şekerli Yumurta Pufları

İçindekiler

- ½ su bardağı su
- 2 çay kaşığı tuzsuz tereyağı
- ¼ fincan şeker, bölünmüş
- koşer tuzu
- ½ su bardağı çok amaçlı ağartılmamış un
- 3 su bardağı bitkisel yağ
- 2 büyük yumurta, dövülmüş

Talimatlar:

a) Küçük bir tencerede su, tereyağı, 2 çay kaşığı şeker ve bir tutam tuzu orta-yüksek ateşte ısıtın. Bir kaynamaya getirin ve unu karıştırın. Karışım patates püresi gibi görünene ve tavanın dibinde ince bir hamur tabakası oluşana kadar unu tahta kaşıkla karıştırmaya devam edin. Isıyı kapatın ve hamuru büyük bir karıştırma kabına aktarın. Hamuru ara sıra karıştırarak yaklaşık 5 dakika soğutun.

b) Hamur soğurken yağı wok'a dökün; yağ yaklaşık 1 ila $1\frac{1}{2}$ inç derinliğinde olmalıdır. Yağı orta-yüksek sıcaklıkta 375 ° F'ye getirin. Yağın hazır olduğunu tahta kaşığın ucunu batırdığınızda ve kaşığın etrafında yağ kabarcıkları ve cızırdadığında anlayabilirsiniz.

c) Çırpılmış yumurtaları iki parti halinde hamura dökün, bir sonraki partiyi eklemeden önce yumurtaları hamura kuvvetlice karıştırın. Tüm yumurtalar eklendiğinde, hamur saten ve parlak görünmelidir.

d) 2 yemek kaşığı kullanarak, meyilli bir kaşıkla alın ve diğerini kullanarak meyilli kaşıktan sıcak yağa hafifçe itin. Puflar, orijinal boyutlarının 3 katına kadar şişip altın kahverengi ve gevrek olana kadar, sık sık çevirerek, 8 ila 10 dakika kızartın.

e) Bir wok skimmer kullanarak, pufları kağıt havlu kaplı bir tabağa aktarın ve 2 ila 3 dakika soğutun. Kalan şekeri bir kaseye koyun ve pufları içine atın. Sıcak servis yapın.

100.   Krizantem ve Şeftali Tong Sui

İçindekiler

- 3 su bardağı su
- $\frac{3}{4}$ su bardağı toz şeker
- $\frac{1}{4}$ fincan açık kahverengi şeker
- 2 inç taze zencefil parçası, soyulmuş ve ezilmiş
- 1 yemek kaşığı kuru krizantem tomurcukları
- 2 büyük sarı şeftali, soyulmuş, çekirdekleri çıkarılmış ve her biri 8 kama dilimlenmiş

Talimatlar:

a) Yüksek ısıdaki bir wok'ta suyu kaynatın, ardından ısıyı orta-düşük seviyeye indirin ve toz şeker, esmer şeker, zencefil ve krizantem tomurcuklarını ekleyin. Şekerleri çözmek için hafifçe karıştırın. Şeftalileri ekleyin.

b) 10 ila 15 dakika veya şeftaliler yumuşayana kadar hafifçe pişirin. Çorbaya güzel bir pembe renk verebilirler. Zencefili atın ve çorbayı ve şeftalileri kaselere bölün ve servis yapın.

ÇÖZÜM

Wok'un ilk olarak 2000 yıl önce Han hanedanlığı döneminde Çin'de icat edildiğine inanılıyor. Kantonca 'Pişirme Tenceresi' anlamına gelen kelimeden türetilen wok'un ilk modelleri, daha dayanıklı ve uzun ömürlü olmalarına izin veren dökme demir metallerden yapılmıştır.

Bu günlerde, wok tüm dünyada çok çeşitli yemekler için kullanılmaktadır. Wok'ların çoğu karbon çeliğinden yapılmıştır, bu da dayanıklı olmalarına ve yapışmaz olmalarına ve aynı zamanda hafif olmalarına olanak tanır.

Tabii ki, Asya yemeklerini pişirmek büyük ölçüde wok'a dayanır, ancak wok'un başka pek çok kullanımı vardır. Wok dünyadaki en çok yönlü pişirme araçlarından biridir ve aşağıdaki gibi pişirme teknikleri için kullanılabilir: Karıştırarak kızartma, Buharda Pişirme, Tavada Kızartma, Derin Kızartma, Kaynatma, Kızartma, Kızartma, Sigara İçme ve Haşlama.

Tasarım, ısının tüm wok etrafına eşit olarak dağılmasını sağlar, bu da tüm malzemelerinizin aynı anda pişeceği ve hazır olacağı anlamına gelir. Bunun da ötesinde, bir wok ile çok az yemeklik yağ kullanabilmenize ve yine de harika tadı olan, yapışmayan yiyeceklere sahip olmanız büyük bir avantajdır. Bazen, wok'unuzla birlikte buharda pişirmek/kaynatmak için bir wok kapağı veya hatta pişirme sırasında wok'unuzun kaymamasını sağlayan bir wok halkası gibi aksesuarlara ihtiyacınız olabilir.

www.ingramcontent.com/pod-product-compliance
Lightning Source LLC
Chambersburg PA
CBHW071558080526
44588CB00010B/944